JN065574

愛媛が生んだ進歩・革新の先覚者

「よもだ」精神で読み解く中川悦良の歴史論考

中川 悦良

創風社出版

はじめに

誰しも自分の生まれ育った土地には、愛着のあるものだ。他から自分の郷土がほめられるのを聞くと、悪い気はしない。松山の場合は、文学と温泉などがとりあげられることが多い。子規と俳句、道後温泉と松山城は定番だ。しかし愛媛は、政治的には保守がつよいと言われて久しい土地柄だ。

この両側面は、まったくあい対峙する二つの顔なのだろうか、それとも同じ人物を別の角度から見た顔なのだろうか。それとも、この両側面は次元のちがう話だから、両者の関係を問うなどということは野暮な話なのだろうか。なかなか結論は出ない。

本書の著者中川悦良さんは日本共産党の県議会議員として、長く政界で活躍された方だ。中川さんが遺された文章をまとめて、この書は出来上がった。本書は、さきの問題にたいする中川さんによるひとつの回答になっていると私は思う。

中川さんはこの中で、文学はいうに及ばず、絵画など芸術面、映画や演劇など大衆娯楽、学術・教育面から軍事畑に至るまで多彩な分野で活躍した愛媛県人たちを紹介している。そして忘れてならないのは、草創期の革命の士の掘り起こしまで試みていることである。本書に描かれた人びとの活動領域は幅ひろく、成しとげた事跡もさまざまであるが、その底に流れるのは、進歩と革新に向かおうとする姿勢だと中川さんは捉えている。

これらの人びとの姿勢に共通し彼らを支えたのは、何なのであろうか。中川さんは、伊予人のもつ

共通の気質である「よもだ」精神により所を求めている。では「よもだ」とは何だろうか、これを明解にのべるのはむつかしい。私も小さい頃このことばを耳にしたことはあるが、あまりいいニュアンスでは使われていなかったような記憶がある。これに対し、中川さんの場合は、権力者のゴリ押しに真っ向から反対するのではなく、「ほうよほうよ」とユーモラスに受け流しつつ、しかし反骨の信念を貫く気質であると、積極的にとらえている。

中川さんは、すぐれた政治家であったことはもちろんであるが、在野の歴史探究者でもあった。県内に残る党史ゆかりの場所を、中川さんの案内でめぐり歩いてお話を聞くツアーを企画したこともあった。その時はユーモアも交えつつ、実に楽しそうにお話くださった。

「よもだ」という形容詞は、ありし日の中川さんにこそふさわしいという思いが去来してならない。中川さんの遺稿を一冊の本にするという今回の企画は、近代史文庫代表　冨長泰行氏によって提起された。　共産党創立の百年目に、この本がまとめられたのは、ひとつの壮挙であると思う。

矢野　達雄

愛媛が生んだ進歩・革新の先覚者
——「よもだ」精神で読み解く中川悦良の歴史論考——

目次

愛媛が生んだ進歩・革新の先覚者

―「よもだ」精神で読み解く中川悦良の歴史論考―

1 愛媛が生んだ進歩・文化の先覚者

(1) 水野広徳

水野広徳
『水野広徳著作集 第5巻』雄山閣刊

◆ 戦記文学『此一戦』著者から軍備撤廃、反戦軍人に

松山出身の先覚者

　今、『蟹工船』と小林多喜二の復活が注目されていますが、それに匹敵はしないが、松山出身の「反戦軍人・水野広徳」にも、再注目の穏やかな広がりが、NHKの「その時歴史が」等で見られています。

◆ 主張の正しさが証明された敗戦直後、一〇月一八日に逝去

　「日本は戦争すべきでない。戦えば敗れ、東京は焼け野が原になる」との水野の指摘の正しさが証明された日本敗戦の昭和二〇（一九四五）年八月から二ヶ月後、疎開中の大島から緊急入院した今治

の病院で、広徳は波乱の生涯を閉じます。

日露戦争日本海海戦の戦記文学『此一戦』の著者としても知られる海軍大佐水野が、第一次欧州大戦の現実等を見て、反戦、軍備縮小から「軍備撤廃論」をまともに主張し、日米不戦論者としても、あらゆる圧力・妨害に屈せず、一貫して戦い続けます。そして、その主張の正しさが歴史の現実で証明されたその時、この世を去ったのです。

しかもその直前、一人息子の公徳が、フィリピンの戦地で戦死したことも知らぬままに。誠に「悲劇的な最後」です。それは、六三年前の敗戦の秋の一〇月一八日のことなのです。

◆ 『此一戦』を「軍国、帝国主義賛美文学」と自己批判

日露戦争（一九〇四〜五）の「戦記文学」の陸軍側の代表が、桜井忠温の『肉弾』であれば、海軍側の代表が水野広徳の『此一戦』であり、二人が共に松山中学出身（水野が四期先輩）であり、『肉弾』が松山歩兵22連隊の「旅順攻略戦」を描けば、『此一戦』は日本海海戦を描き、共に世界中で翻訳され普及されたのです。

正岡子規等が代表する、松山の文学的風土に生まれた二人が「戦記文学」の傑作を生み、世界に広げ、それが日本軍国主義の膨張に一定の役割を果たした面もあったのです。

筆者などが、一九四四年に軍校に入った頃、「文弱の松山中学か？」とやや複雑な眼差しを、教官等から向けられがちだった素因の一つも二つも「戦記文学」にあったのは間違いないと思います。

なお、「文弱」とは当時の「軍人勅諭」では、「文学・文芸に流れる」否定的傾向とされていたのです。

『此一戦』は、優れた文章力のほか、日本軍側だけでなく、相手側ロシア艦隊の動きも丹念に描いた点等は、当時、詩人の大町桂月等からも高い評価を受けています。

ところが、水野はこれを「軍国主義、帝国主義賛美の文学だった」と明確に自己批判して、反戦・軍備撤廃論者に大転換をするのです。

（二〇〇八・一〇・一二）

自伝から「北フランスの戦場」の章
（『水野広徳著作集 第８巻』雄山閣刊）

◆ 再度の訪欧でベルダン等の惨状を見て 「思想の大転換」

水野の第一次世界大戦のヨーロッパ視察は二度行われています。

大正五（一九一六）年私費留学で激戦中の英仏伊を視察しての「バタの臭」等では、近代戦の大規模で経済等総合戦力の必要性に驚愕しつつも、「反軍国主義論」に「犬牙蜂鎗」論で反駁する等軍国主義の立場です。

「思想の大転換」は大正八（一九一九）年三月から再度の訪欧で、北フランスの仏・独両軍の最激戦地ベルダンで両国が、それぞれ約五十万の戦死者を出し、老人、女性、子供も

巻き込んだ惨酷な戦争の現実を直視して、軍国主義から反戦主義に「思想の大転換」を遂げるのです。

ベルダンに加え、「栄光のプロシャ」の敗戦首都ベルリンの恥辱に満ちた現実、そして空襲によるロンドン市民の被害の深さ等も「反戦への転換」の素因となったのです。

「近代戦は、兵と兵の戦いにあらず国民と国民の皆殺し」と認識し「戦いに勝つ努力より戦いを避ける努力こそを」と主張し始めます。

大正一〇（一九二一）年正月、『東京日々』に「軍人心理」を掲載し、兵役義務の平等化と兵士への参政権保障など「軍隊のデモクラッチ化」を主張、これで「謹慎処分」を受け八月には退役、「軍服に永久の別れ」を告げ、翌一一年から渡欧航海記「海のうねり」発刊を始めとして、文筆運動に入り、同時に尾崎咢堂等の軍縮運動に参加していきます。

それは、「反戦平和」の日本共産党の結成と同じ年の事でした。

◆ 軍人から反戦ジャーナリストへ

海軍と決別した水野は、剣をペンにかえ、軍事評論家として代表的論談誌『中央公論』『改造』等に軍備撤廃、軍備縮小論を精力的に展開していきます。

そして当時、軍人の政治介入の根となっていた陸海軍大臣を軍人が独占する「軍部大臣現役武官制」を批判し文官に解放することを提案し、更に軍部独走の支柱「統帥権の独立」論に否定論を展開します。「天皇直結の軍」という軍部の奢りに対しての水野のこの批判は、当時の状況の中では、正に異

例の先駆的主張だったのです。

この基礎には、ベルダン視察の後一九一九年八月、ベルリンでの天長節の集会で「戦争を避ける途は軍備撤廃あるのみ」「我が国は率先して撤廃すべし」との発言があります。この発言こそ、水野の思想の基本を示していますが、この立場こそ、「戦後憲法九条」の精神の、正に「先駆け」ではありませんか。

この水野の立場は、一九二四年加藤友三郎内閣のアメリカを仮想敵国とする「新国防方針」に対して「新国防方針の解剖」を『中央公論』に書き「日本必勝」論に対して「日本は必ず破れる」との主張に進みます。

（二〇〇八・二・九）

◆ 「満州事変」で侵略に突進する軍部への警告『興亡の此一戦』

水野の論戦で特徴的なのは『日米未来戦記』ですが、主な評論は二つあります。

一つは、大正二（一九一三）年、現役の中佐の時に執筆し、翌一四年に刊行した『次の一戦』です。これで水野は謹慎処分にされ絶版とされます。だが、その内容は、日本海軍が主力艦の力量の差で敗れると、軍備拡張の必要を説いたもので、軍国主義の立場の中の論戦でした。

次に昭和七（一九三二）年一〇月に発禁処分を受けた『興亡の此一戦』は、前年秋からの「満州事変」で本格的侵略戦争に突き進もうとしている軍部に対して、水野は命を掛けて「平和主義」を貫きます。

中国東北部への侵略戦争であった満州事変
（1931 年）

また当時『日米未来戦記』が、内外で、幾つか出されますが、これらが、軍事に偏って、政治や社会への考察を欠き「戦争ゲーム」に陥りやすかったのに対して、『興亡の此一戦』は、国際関係や政治・経済・社会を十分に配慮し、特に、戦争の原因となった、日本の満州占領と傀儡国家の建設について、広く深く分析していきます。

特に「傀儡満州国」造りが、中国国民の民族的覚醒と、対日抵抗を呼び、これでアメリカは「中国領土の日本による分割に反対」し、「日本対米中両国の戦争」開始に突き進む根源となる事を暗示しています。

◆「日本の中国侵略戦争」の本質とその危険性を的確に予測

以上の様な、水野の『興亡の此一戦』は、歴史研究家・藤原彰氏の解説（南海放送四〇周年記念出版――『水野広徳著作集』第三巻）でも次の諸点で優れていると指摘されます。

一、日本の中国侵略という基本的事実をしっかり捉え、日米戦争をその結果、生起するものとして捉えていること。

二、満州の占領と経営の矛盾をきちんと把握していること。

三、軍事面でも、水野は当時の海軍の考え方より、現実的で的確な判断を持っていたこと。特に航空の比重の高い戦争になる予見、例えば、東京大空襲やハワイ海戦などでも、先見的見通しを見せていること。

四、日本側の他の評論が、殆ど精神主義に陥っていたのに対して、水野は冷静・合理的態度を堅持していたこと――などです。

こうして、この評論は、海軍軍事評論に留まらず、当時の日本軍国主義の矛盾の基本をついて、その政策路線の転換をまとめるものでした。

時の政府は、昭和七（一九三二）年一〇月に東海書院から出された『興亡の此一戦』を直ちに発禁処分にします。従ってこの重要な警告は多くの人には知らされず、日本は、敗亡の道をひた走って行くのです。「忠告の発禁」は悲劇に直進します。

（二〇〇八・一二・一四）

◆ 地下活動の共産党等が準備した「極東平和友の会」で代表挨拶

水野が、日本の侵略戦争路線への痛切で的確な批判を突きつけた『興亡の此一戦』が昭和七（一九三二）年一〇月発禁処分を受けた頃、日本軍国主義は、危険な暴走を本格化していきます。

この年の一〇月末、特高警察に逮捕され、西神田警察で、惨たらしい拷問を受け、虐殺されたのが、岩田義道。岩田は松山高校出身（二期）で日本共産党中央を担い、赤旗に「満州事変は侵略戦争」と

いう主張を書く等で、反戦活動の先頭にたっていました。

岩田（三十四歳）が虐殺（二一月三日）されてから僅か一〇九日後の昭和八（一九三三）年二月二〇日、小林多喜二が築地警察で虐殺（二十九歳）されます。

そして三月二七日には、日本は国際連盟から脱退し、侵略戦争路線を狂気の様にひた走って行きます。

日本共産党は、国際反戦委員会が提唱した日本帝国主義の中国侵略に反対する極東反戦会議支持のアピールを発表し、これに応えて、秋田雨雀、江口渙等が「極東平和友の会」準備会を作り、八月二五日、日比谷公会堂東洋軒で創立総会を開催します。

この創立総会に、呼びかけ人の一人となっていた水野は出席します。そして主な呼びかけ人の秋田や江口が共産党との関係で、予備拘束を受けていて、出席出来ない為、水野が代表して挨拶を行います。

その演説中、暴漢が乱入し、それを契機に警察隊により解散を命ぜられます。（『日本共産党の七〇年』等）

この会が、日本帝国主義のアジア侵略に対する日本国民と日本共産党の戦前においての、代表的な抵抗反戦集会とも考えられるだけに、この会で代表挨拶をしたのが、元海軍大佐・水野広徳であったことは、水野の存在の歴史的意義を象徴するものだと思います。

◆ 治安維持法違反容疑の危険人物とされ、尾行と執筆禁止の妨害

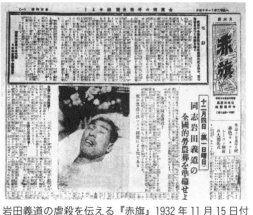

岩田義道の虐殺を伝える『赤旗』1932 年 11 月 15 日付

「極東平和友の会」事件以来、水野は、弾圧法「治安維持法違反」の対象者として、一貫して特高警察の尾行を受け、書く物は、「非常時背後の人」（改造）、「戦争の知識」（共著）、戦争文学全集の九巻『水野広徳集』等が次々と発行停止処分を受けます。

辛うじて水野編集の『秋山真之伝』と『秋山好古』が発刊出来たのは幸いでしたが、水野は、今尚、その罪悪の総括が必要な「治安維持法」の犠牲者の一人だったのです。

だから、今日、反戦平和の為に闘った日本共産党員等「左翼的な人」が多く合祀されている、東京の「無名戦士」の墓にも、愛媛の「いしずえの碑」にも元海軍大佐・水野広徳が合碑されているのは、全国的にも例の少ない事ですが、その生涯を見れば、むしろ当然と言えます。

（二〇〇九・一・二五）

◆ 三津に生まれ、夷子町で育つ　一歳で母、五歳で父に別れ

海軍大佐であり、ベストセラー『此一戦』の作家でありながら、軍国主義に別れを告げ、反戦平和・軍備撤廃論をめざして闘い続けた「反骨」の水野広徳の人となりは、松山の幼少時代との関わりは？　読者の関心もここにあるのではと考え、水野の自伝『剣を吊るまで』（全集八巻）等によって、簡単な紹介を試みます。

広徳の父は、松山藩の武士で、三津の船奉行所に勤めていて、広徳は三津浜村・広町で、明治八（一八七五）年五月二四日に生まれます。

父は光之、母はナホ、兄一人、姉三人兄弟の第五子です。

下級士族の父は、家禄奉還金で駄菓子屋を営むが失敗、明治九年、広徳一歳の時、母が病死し、父は城下の御宝町に移りますが、広徳五歳の時父も亡くなります。父の葬式では、兄が障害者のため、水野家の相続人として五歳の広徳が「父の棺桶の後、位牌を持たされてついていた」のです。御宝町から大街道等を経て中の川の蓮福寺迄の行列に「なんと淋しい葬式だな」の声が掛けられたことも書いています。

五人の兄妹はばらばらに親戚に預けられ、彼は母方伯父・笹井家（北夷子町＝現在の三番・千舟二丁目）に引き取られ、そこで育ちます。苦難と波乱の人生の出発でした。

◆ 虐げられる者への深い愛と反骨、剛毅を育てた青年期

「几帳面」な笹井伯父と伯母は、経済的困難の中、従兄弟たちと分け隔てなく育ててくれましたが、様々な微妙な苦しみも体験します。

また悪戯と喧嘩の常習犯の広徳は、何度か辛いお仕置き等も受けながら、巽小学校、高等小学校、尋常中学（松山中学）に学び、お囲い池での「水泳の大将」になったりして逞しく成長してゆきます。

松山中学時代には、県議会によく傍聴に行き、また修学旅行先の宇和島で地元学生と宿の屋根に上がって大乱闘を演じ、「ほこら」と言う仇名ぴったりの暴れ中学生ぶりでした。

一方、障害者の兄・光義が家再興のため、あんま等で懸命に働くのを共に住んで知り、その兄が三十歳で亡くなる悲運にも直面します。

この様な体験が、広徳の人間形成に、強情、反骨、剛毅、不屈、そして「弱く虐げられた者」への深い愛情と連帯を支える軌跡に反映しているのは、確かな事でしょう。広徳の人となりはこうして、松山での環境が役割を果たします。

広徳が海軍兵学校に進もうとしたのも、授業料は要らず生活は保障される条件が要因の一つでした。三度目の受験で、明治二八（一八九五）年二月、海兵に進み伯父に喜ばれます。[註]

その年の翌月、夏目金之助が、松山を去っていった、その時代です。

（二〇〇九・二・八）

◆ 歴史逆行「田母神発言」等は反戦軍人水野に学び、恥じよ！

松山が生んだ反戦軍人・水野広徳の簡単な紹介は、今回で一応閉じさせて戴きますが、時代は大きく揺れています。

一九二九年の恐慌以来の、更に深刻でグローバルな、経済・金融危機が襲ってきています。八〇年前の恐慌では、その克服を侵略戦争に求めたナチス・ヒットラー、そしてイタリーのムッソリーニに続いて、日本軍閥は満州事変で中国侵略一五年戦争への突入という、狂気的で悲劇的な道に進みました。

当時、満州侵略の危険性を軍事・経済、政治的に指摘し続けてきたのが水野広徳だったことは、この連載の二回、三回等で紹介してきました。

ところが、大恐慌の八十年ぶりの再来のその時に、昨年秋、自衛隊の田母神航空幕僚長が、「日本のかつての戦争を〝侵略戦争〟というのは濡れ衣だ」という論文で賞をもらうという出来事がありました。

実力部隊の長が、我が国の進路に関わって、独自・独特の見解を主張し引っ張ろうとすることは、戦前の五・一五や二・二六事件の様な危険性を予感させます。

田母神等には、軍人出身でありながら満州事変以来の中国侵略の危険性を、端的に指摘していた軍人評論家水野広徳の爪の垢でも舐めてもらいたいものだと思います。

一方、私たちは、当時の広徳の命を掛けた真剣な反戦平和のための苦難に満ちた奮闘に学ぶ時です。

◆ 蓮福寺「虫の如く生き、草の如く枯る」
　　　　　　正宗寺「世にこびず、人におもねらず、正しき道を歩まん」

　私はこの連載の始めに、『蟹工船』で再注目を集めている小林多喜二と水野広徳の歩みの似通いに触れました。

　二人の立場と状況は大きく違っていても恐慌から戦争の時代に、飽くなき搾取と貧困と、軍国主義への時代に抗して闘った二人は、悪い時代への反抗者という点では似通うものを私は感じるのです。

　そこで私は、松山の、愛媛の、特に若い方々に水野広徳の歩みを是非尋ねて戴くことを願うものです。

　その点で、一九九五（平成七）年に南海放送創立四〇周年記念で出版された水野広徳著作集第八巻は貴重な研究対象です。

　また、雄山閣出版の前坂俊之著『海軍大佐の反戦・水野広徳』も推薦したい著作です。

　終わりに、松山市内に水野を記念できる寺が二カ所も、ごく近くにあることを紹介します。

　一つは、少年広徳が父の葬儀で位牌を持って、御宝町から大街道等を経て辿りついた中之川の蓮福寺の水野家の墓の碑です。

　「かえり見れば、崎嶇（きく）羊腸の七十年、虫の如く生き、草の如く枯る」広徳──とあります。

　そして近くの榎町の正宗寺には正岡子規の記念碑に並んで、水野広徳の次の歌碑が厳然と立ってい

ます。

「世にこびず人におもねらず我はわが正しと思ふ道を歩まむ」

（註）　明治二八（一八九五）年は夏目金之助が松山中学校に着任した年である（編集者）。

（二〇〇九・三・八）

水野広徳の墓（松山市柳井町蓮福寺）

(2)桜井忠温_{ただおん}

◆ 水野と並ぶ戦記文学 『肉弾』の桜井忠温の戦後の松山での心情

桜井忠温

日露戦争の戦記文学『此一戦』の作者でありながら、痛切な自己批判によって「反戦」評論家に転換して、半生を貫いた元海軍大佐水野広徳のことを、六回にわたって紹介してきましたが、一部の読者から、同じ戦記文学者で松山出身の桜井忠温にも触れておけという希望もあり、簡単に紹介しておきます。

桜井は、水野の松山中学四年後輩（明治三二年卒）で、陸軍士官学校に進み、日露戦争で旅順攻撃の激戦に参加、負傷もする体験を『肉弾』にまとめ、これが世界的なベストセラーになります。

つまり、日露戦争の戦記文学は陸の桜井の『肉弾』と海の水野の『此一戦』が代表したのです。

中国東北部（満州）をめぐる、日露両国の帝国主義戦争だった日露戦争での「勝利」は、「我が国は一等国になった」との自惚れをはびこらせ、軍国主義を極限にまで高め、やがて孤立と破局と敗戦にまで導くきっかけともなっていきます。

その中で、二つの戦記文学が果たした役割は、厳密に総括されねばなりませんが、水野の「反戦評論家」への転換に対して、桜井は、『肉弾』での明治天皇の「拝謁の光栄」も受け少将にまで進み、陸軍新聞班長にもなり、『肉弾』の他に『銃後』『草に祈る』『将軍乃木』等全六巻、多くの著作も出し、映画化もされますが、それらは当時の軍国体制推進の側からの出版・制作でした。

◆ 死中再生恥じ多く、我また老いたり、古城はひとり我を悲しむ

水野は、敗戦で、その主張の正しさが証明された直後、昭和二〇年一〇月、今治の病院で急逝しますが、桜井は松山に帰り、昭和四〇（一九六五）年九月逝去（八十六歳）まで、松山で暮らします。

戦後の桜井は、戦前の「栄光」を重荷として背負わねばならず、その心境を次の様に記しています。

「画業を志して筆を捨て、文を愛して其の域に達せず、死中再生恥じ多く、戦友と共に死すべかりしを、あゝあの日あの時、生命は泥の如く醒風血雨の残酷に泣けり、友よ安らかに眠れ、我また老いたり　東都にある事五十春　故山を慕うて帰る旧廬滅びて跡なく　友は多く世を去る　古城はひとり我を悲しむ」と。

『肉弾』が、桜井の旅順攻略の激戦に松山歩兵二十二連隊旗手を経て小隊長として、第一回総攻撃

に参加。機関銃に撃たれて全身蜂の巣になり、死体と間違われ、火葬場寸前で息を吹き返した、自らの酷薄な実体験を出発点としたものであり、この著作者としての「栄光」が大きかっただけに、戦後の孤独は、少年時代の初心の画業に打ち込んでもとりわけ深く、「古城」にのみ悲しまれるのが、実情だったのでしょうか。

忠温翁の戦後の松山での、心情を示す逸話を次号で紹介します。

（二〇〇九・四・一二）

◆ 戦中に、チャップリンを守り、戦後、共産党の市政刷新を激励

ところで、桜井忠温の、世界の喜劇王チャップリンとの関わりが、今、新注目を受けています。

チャップリン研究者の大野浩之氏が一昨年秋、メディアファクトリー「チャップリン暗殺、五・一五事件で誰よりも狙われた男」で紹介、昨年秋には、テレビ朝日も報道しました。

日本右翼化の導火線となった昭和七年の、五・一五事件の前日に日本を訪れたチャップリンが「外国人勢力打倒」を掲げる右翼軍人の標的にされていたと言うのです。

その時、チャップリンの日本人秘書高野虎市に原稿用紙七枚の手紙を送り、右翼軍人の攻撃を避ける為、チャップリンに「宮城遥拝」を勧めたのが、陸軍新聞班長を退いていた桜井少将だったのです。

チャップリンは神戸から東京に行き、二重橋に行き、高野の勧めで（腑に落ちないまま）礼をします。

このジェスチャーが、翌日各紙に載り「話せば判る」の犬養毅を射殺した右翼軍人達も、チャップ

桜井忠温の戦記文学『肉弾』

リン暗殺の名分を失い、無事だったと言うのです。

軍人体制の中での「人間愛」を偲ばせる逸話と思わせます。

その、忠温翁に、戦後、筆者が、直接交流できたのは、昭和三九（一九六四）年の秋でした。

先輩の門屋功市議と共に、中予地区委員長の私が、「汚職市議追及」の街頭演説を、御幸町の還熊八幡宮近くでやっていた時、聴衆の中に居た忠温翁が大声で激励してくれ、礼を言う門屋市議が、私（中川）が中学も軍校（陸士）も翁の後輩に当ることを紹介してくれると、翁は「陸士が共産党やるか？それは良い」と喜んで、握手してくれたのでした。

この刷新運動が、リコール運動に発展しただけに、その中のエピソードとして、私には忘れられません。

◆ 「名誉市民」に推されても　固辞を貫いた忠温翁の真情

さて、忠温翁は戦後、松山で過去の栄光を重く背負いながら、少年時の初心の画業、とりわけ絵手紙を得意にし、その普及に勤めます。

そもそも、松中に進んだ明治二六年頃、四条派絵師松浦厳暉に絵を習い、将来は画業で身を立てるつもりだったが、松山藩士族の家と日清戦争の軍国主義風潮の中で、絵を捨てて「陸軍士官学校」の

道を選ばされたのでした。

この様な、忠温のあり様を見て、道後の富田貍通氏を代表者に、昭和三五年三月、松山市に対して「名誉市民」への推薦状が多数の連名で提出されます。

だが、それは、市議会に諮られることもなく実現してはいません。

その理由は、本人の確固とした「固辞」によるものと、市の関係者を含めて受け取られています。

この「固辞」こそ、逆に桜井忠温の人間的「名誉」を証明するものではないでしょうか？

戦前の「栄光」の重荷を背負い、その責任も深く自覚して、謙虚・沈潜な暮らし方を貫き、「古城にのみ悲しまれ」つつ、「新名誉」を拒み抜いた桜井忠温先輩の真情に、一後輩として敬意を捧げたいのです。

（二〇〇九・五・一〇）

片上　伸

(3) 片上　伸

◆プロレタリア文学の紹介者「過渡時代の道標」片上伸

次に、ロシア文学研究のためロシアに滞在中、一九一七年の二つのロシア革命を目の前にして、「プロレタリア文学」の先駆的紹介者となった早稲田大学文学部長等の片上伸（のぶる、号─天弦等）について簡略な紹介をします。

後に、日本共産党議長等で大きな役割を果たした宮本顕治のプロレタリア文学評論家としての初著作「敗北の文学─芥川龍之介論」の次の作品が「過渡時代の道標─片上伸論」であったことは、昨年、宮本顕治の逝去に関わって、私が本紙で既に紹介しました（本書一八一ページ）。

片上の生まれは、今治市の波止浜。野間郡波止浜村大字波止浜六七番戸の庄屋・片上良の長男とし

て明治一七（一八八四）年二月二〇日に生を受けます。

波止浜小から松山外側（番町）小に六才で移り、明治二八年には、松山中学に入学します。年齢不足を戸籍を一年早めての事でした。

丁度、夏目漱石が教師として在任中ですが、上級生担当で、片上は直接の授業は受けれませんでした。

だが、当時の松山中学には、明治二七年の学内騒動等の反省から文学的校風の助長のため「保恵会雑誌」が発行されていましたが、これに三年生頃から、新体詩、和歌、漢詩、紀行文、小説等を盛んに投稿し、明治三三年六月発行の第七〇号等、一号だけで、四編もの作品を掲載しているのが片上なのです。

本名の「伸」の他に「筥浦」や「天弦」などのペンネームを使い、「まくべす」（シェークスピア）の紹介から論説、文苑（文壇紹介）、詩、雑詠等々、彼の多彩な才能の展開を証明しています。

◆ 明治「松中三秀才」の一人 早熟の「詩人生徒」早稲田へ

特に新体詩を良くし、「松中詩人」として雑誌「新声」に天弦の号で投稿していましたが、坪内逍遥などのいる早稲田専門学校（後の大学）に進みます。

彼の卒業の翌年の明治三四年の七三号保恵会雑誌では、友人と思われる「蒼翠」が「天弦を懐う」と題して、片上を懐う心情を熱く記しています。以下はそのごく一部の抜き書きです。

「天弦は若き血漲る詩人也。――天弦は薄倖の人也。しばしば冷酷な家計に縛られ、涙を呑んで風寒き夕暮れの戸に倚りし事幾度ぞ。懊悩殆ど骨を刻む」と家運の傾き掛けた困難の中での片上の文学への才能と情熱を紹介した後、「今や天弦満腔の希望を抱いて早稲田に去る、前途洋々、今後の武者ぶりを待たんかな、一夜筆を洗うて天弦を憶ふ」と。

これが当時、秋山真之、管菊太郎と共に「松中三秀才」と呼ばれた、片上伸の文学への門出の模様です。

（二〇〇九・六・一四）

◆ 坪内逍遥、島村抱月等の「早稲田文學」で文学評論家へ

早稲田大学に進んだ片上は、松中の先輩・管菊太郎（後に農学者）の家に同居、坪内逍遥によって創設された文学科で学びます。

脚気になって休学や、また一時傾きかけた家運の為、多度津で小学校の教鞭を執ったりの苦難を経て早稲田に戻り、同級生相馬御風等と「如月会」をつくり、雑誌「新声」等に「天弦」の号で詩作を盛んに投稿します。この頃、芸術至上主義への理解を示し始めたと言われます。

また再興された島村抱月主宰の雑誌「早稲田文學」の記者（月手当一五円）にもなり、明治三九年七月、大学を卒業します。

そして、翌明治四〇年四月、早稲田予科講師を経て、四三年、二十六歳で、早くも本科教授になり、その年に結婚もします。

後（昭和一三〜一四年頃）に発刊された『片上伸全集三巻』の編集者・谷崎精二は、「批評家」としての片上の活動を三期に分けて紹介する中で、明治四二年頃の初期は、所謂自然主義運動の擁護者として現れたが、それは、当時の日本の文学界では「実は一種のロマンチズムの提唱」であり、片上の青年時代の著作には「唯物的、科学的なナチョラリズムの主張」より、寧ろ「清純幽玄なロマンチズムの匂いを嗅ぐことが出来る」としています。

片上は、評論集『生の要求と文学』やドストエフスキーの『死人の家』の翻訳、『ドン・キホーテ』、エスマン『自然論』等を次々に出版し文壇での注目を広げます。

◆ ロシア文学研究で訪露・留学中三月、一〇月のロシア革命を体験

先の谷崎説によれば、日本文壇を自然主義運動が風靡した明治四〇年代、この運動の理論的指導者・島村抱月門下の最も有力な論客として活躍したのが片上評論の第一期で、この運動を自然主義運動が下火となった時期で、この時、片上は一層自己に沈潜して、内省的、瞑想的になり、詩人としての特質から、時代の陰影の濃い情味豊かな文章がとりわけ鮮やかだったそうです。

代表的なものとして、エスマンの著作を近代的に製錬した含蓄と屈伸性に富んだ文章を、「日本の批評文学の特異な宝」と谷崎は推奨しています。

ところが、トルストイ、特にドストエフスキー等のロシア文学研究のため片上は、大正四（一九一五）年一〇月「早稲田大学」からの留学生としてロシアに渡り、ペトロフグラード、モスク

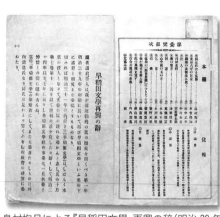

島村抱月による『早稲田文學』再興の辞（明治39年）

ワの国立、市立の大学で研究を精力的に進めます。訪露して一年半、大正六（一九一七）年三月から一〇月に掛けて、ロシア革命の嵐が片上の眼前で展開して行きます。

ロシア社会主義革命という世界史的事件に直面した片上は、当時のロシア国民のあり方、様々な革命の受け取り方等を、例えば「ヲルガ（ボルガ）の流れ」等で伝えます。

（二〇〇九・七・二二）

◆　「革命は乱暴狼藉主義にあらず、人間生活の公正を求める精神」と

「ヲルガ（ボルガ）の流れ」──。モスクワからボルガ河ロアストラハンへの往復船旅の中で、革命進行中のロシアの現実をルポルタージュ風に伝えたりした片上は、大正七（一九一八）年四月に帰国し、教壇に立ちつつ、翌八年五月『ロシアの現実』（至文堂）や『思想の勝利』（天佑社）、『階級芸術の問題』（新潮）等を出し、プロレタリア文学の紹介に力を振るいます。

その片鱗を紹介すると、例えば、「世間は往々にして革命運動を軽く見ようとし」「ボリシェビーズ

ムの伝播を説いて、革命運動そのものを、偏に乱暴狼藉な騒擾に外ならないかの如く言う」が——実は「乱暴狼藉を主義とするようなものではなく」「彼等の思想の根拠には、人間生活の公正を求めてやまない熱烈な精神がある。彼等の要求するところは、所詮公正な多数の生活である」(『思想の勝利』から)と当時の「反共的風潮」に対して革命の擁護論を展開したのです。

そして、新たに興ってきたプロレタリア文化の性格について『階級芸術の問題』等で、多面的に紹介しています。

さらに、帰国して二年目の大正九 (一九二〇) 年四月、早稲田の文学部にロシア文学科を創設し、第三代文学部長に就任します。

ところが四年後、大正一三年六月、早稲田大学教授を退職します。

わずか四十歳で教授を退職した片上は、再び、ロシアを訪ね、翌一四年一〇月帰国し、『無産階級文学の諸問題』等、プロレタリア文学の評論と紹介に力を尽くすのでした。

◆ 「松高スト」の大正一五年、松山で「片上文学」講演会

再度のロシア訪問から帰国した翌大正一五年、片上伸は、その文学活動の出発点の松山で講演会を持ち、また、松山高校生の同人誌「白亜紀」との交流を行っています。

この年、文部省派遣の新校長の管理主義的運営に抗議して、自由主義的校風を守ろうとする松高ストが、一一月一四日から一二月一日まで行われ、市内七社の新聞社の共同主催の大街道新栄座の市民

集会には、三千人の市民が集って、スト支援を決めるなど、大きな盛り上がりを見せていました。

このストには、当時二年文甲のクラス委員の宮本顕治も参加していましたし、このストを生徒の犠牲者ゼロで調停して、収束させたのは当時の北予高校校長の秋山好古将軍でした。

この年から翌昭和二（一九二七）年にかけて、片上に「白亜紀」を送り、プロレタリア文学論等で、指導と助言を受けたのが、宮本松高生でした。

その交流の片鱗が、先にも紹介した砂子屋書房発刊の全集にも、戦後の新日本出版社の片上伸集にも、掲載されている片上の宮本宛の三通の手紙にも伺われます。

（二〇〇九・八・一六）

◆ 三通の手紙が伝える師弟の交流宮本の東京行きも片上の勧め

新日本出版社版だけでなく、昭和一三～一四年出版の砂子屋書房発刊の片上全集にも、片上の宮本松高生宛の三通の手紙があることには驚きました。その頃は、宮本は、巣鴨の拘置所で予審尋問を受けていた頃ですから。砂子屋の勇気に打たれます。

手紙は三通とも、昭和二（一九二七）年（筆者——中川の生年）のもので、片上が宮本の誘いに対して、松山に「ゆけたら行きたい、少年時代は、悲しい、不愉快な思い出ばかり」「面河など一緒に行けたら」（六月二三日付）等、から一〇月二日付になると、文学論と宮本の文学研究の姿勢への評価など、師弟の交流の暖かさを伝えています。

最後の一一月六日付では「君の手紙を読む毎に、君が全力的に羽ばたく姿を想像する」「松山では

友人はないかも知れぬが、東京では見いだせるだろう」「イデオロギーの上では緊密ならずとも、友人となる者はなる。レーニンのゴーリキーにおけるが如きも」等と書いています。

片上は、「宮本顕治のゴーリキー」を演じ様としたのでしょうか。

そして宮本は「松山に文芸講演にきた片上伸に〝白亜紀〟を贈ったことから面識をうけ、東京行きを勧められたことから、東京行きの気持ちを強め」（新日本出版社・宮本顕治集の後書き）東大進学を決めます。

一九二八年四月東大進学のため上京の半月前、治安維持法による最初の大弾圧が行われます。

「三・一五大弾圧事件」です。

さらにその十日前に、片上伸は脳溢血で急逝します。宮本は「東京に進学して普段に会える日を楽しみにしていたのに」（わが師わが友）と嘆かざるをえませんでした。

◆ 「過渡時代の道標」片上評論を今日の 「新過渡時代」 で再吟味を

翌一九二九年改造社の懸賞論文に応じた 「敗北の文学——芥川龍之介論」 で一躍、文学評論家として知られた、宮本が、次に世に問うたのが、「過渡時代の道標——片上伸論」 でした。

その全容は、新日本出版社 『宮本顕治・文学評論集』 等で確かめられたいのですがその特徴を、その末尾部分で紹介しておきます。

「批評家としての片上伸氏はひっきょう、最後まで過渡時代の人であった。（中略）しかし保守的な

迷妄と、世紀末的退廃に抗して、真に新しきものを見失うことなく、文学の正当的河床を掘り続けてきた氏の姿は日本近代文学史のユニークな存在である。（中略）氏は決して「昨日の人」ではなかったのだ（中略）各時代に対して先駆的批評家でなかったとしても、「今日の批評家」でありえた。（中略）プロレタリア文学の方向を、如実に示していた過渡時代の道標であった」と。

日本が、正に「過渡時代」の最中の今日「片上道標の再吟味」を読者の皆さんに願うものです。

（二〇〇九・九・二三）

(4) 井上正夫

◆治安維持法犠牲者を弁護・支援の砥部出身・新派名優

井上　正夫

それは、今から三八年前の昭和四六（一九七一）年の自民・白石春樹対革新統一候補・湯山勇対決の県知事選挙の時でした。東京から応援に駆けつけて、応援してくれた元産別労組会議幹部で映画・演劇労組出身のAさんを、見送る前に、食事を共にした時でした。

本来、戦前からの、革新的演劇人だったAさんが「こちらの出身に新派の井上正夫がいるでしょう」と聞くのです。「ええ、松山の隣の砥部町出身の名優ですね」と答える私に、Aさんは「あの人は、大事にして下さい。戦前に私たちの新劇の先輩たちが随分助けてもらったのです。治安維持法で逮捕された村山知義（演劇演出家で左翼的文化運動の指導者）の弁護の証人にも立ってくれたほか、物心両面で助けてくれたのです。どうか大切にして下

さい」と。革新的な運動とはむしろ反対側の「新派」の役者と思っていた私には、いささか衝撃的なＡさんの話でした。

その翌年、昭和四七年の二月七日に砥部町で行われた「如月忌」（井上の命日に行われる記念祭）に初参加の私は、それから三〇余年、余程のことがないかぎり毎年参加し続けてきました。今年の二月七日にも参加、砥部の人たちからは「如月忌の常連」の一人として親しくして貰っています。

「新派の名優」で「日本芸術院会員」の一人として、国からも顕彰されている井上正夫が、戦前の暗黒時代に進歩的・左翼的演劇活動とどう関わったのか、その概要の紹介を、若干、試みてみます。

◆　松山・新栄座で十六歳の初舞台　新派役者に止まらず、演劇探求

井上正夫、本名――小坂勇一は、明治一四（一八八一）年六月一五日、伊予郡砥部村（現・砥部町）大南に生まれます。

少年時代から「芝居好き」で、十六歳で、敷島劇団の松山・大街道・新栄座公演で初舞台を踏みます。

それから、多くの劇団を渡り歩き田舎回りの苦労を経て、八年後の明治三八年、東京・「真砂座」での「女夫浪（めおとなみ）」で認められ、新派のスターになり、大活躍します。

この頃から、井上は、「新派」に埋もれず、新しい表現法の探求を熱心に行い、「新時代劇協会」の結成等を進め、大正二年には、松山新栄座で「ベルス（鈴の音）」で、連日満員の盛況を勝ち取ります。

さらに国木田独歩の「酒中日記」で国民文芸賞を受け、映画「ああ無情」でジャンバルジャンを演

じ、水谷八重子との「大尉の娘」や真山青果「平将門」で声価を高めます。

更に、演劇探求の為、井上は、大正一二年、ヨーロッパに向かいます。これが、新しい飛躍となります。

（二〇〇九・一〇・一二）

訪欧中の井上（左端）。砥部町井上正夫資料コーナーから

◆ 正装・紳士代議員の土方与志と「絵」と「演劇」で訪欧の正夫

また、筆者自身の体験談から始めます。

それは、昭和三三（一九五八）年七月二三日、東京、中野公会堂での日本共産党第七回大会初日、愛媛の代議員四人（故井上定次郎、元岡稔両氏と、島田学氏と私）の一人として出席した私は、会の始まる前、庭を、瀟洒な身なりの品の良い老紳士が、しゃきっとして、スピードを上げて、散歩するのを見かけます。

共産党活動家らしいシャツ姿の、他の出席者に比べて、際だって気品のある老紳士を見て、私は、丁度通り掛かった、戎谷春松氏（後に党副委員長にも）に「あの方は、どなたですか？」と尋ねますと、「ああ、あの方が土方与志さんだよ」と。

「ああ新劇の」と私は頷きます。

この事は、与志の妻の「土方梅子自伝」でも「代議員に選ばれた与志は、毎日浴びるように飲んでいたお酒も口にせず」「上着をきちんと着て」「おしゃれでもあったが、服装を整えることで、相手に敬意を示したのだった」と記されています。

この「新劇の父」に井上は深い影響をこの旅で受けるのです。

一年間で、五本の映画に出演するという忙しさの中で、大正一二（一九二三）年八月、井上は、ヨーロッパに映画・演劇研究のために向かい、途中、シンガポールで、東京の自宅が東京大地震で丸焼けになった報を受けながら、旅を続けます。

その訪欧旅行の様相は、戦後（昭和二二年）、井上が出した自伝『化け損ねた狸』で明らかです。

小学校卒の井上は、フランス語ドイツ語は勿論、英語も全く出来ないのに、俺は「絵が出来る」ので、絵を描いて「筆談」する上に「役者だからゼスチュアで話しが出来る」と、独特のコミュニケーションを各国で展開して、パリを経て、ベルギー、オランダを経て、ベルリンにたどり着くのです。

◆ 新派・新劇の違いを越えて井上を暖かく援助する土方

途中、ベルギーとオランダの間で荷物が行方不明になり、それを「絵の筆談」とゼスチュアでとり戻したりして、アムステルダムを経て、敗戦首都のベルリンの駅で演劇研究で先に訪独中の土方に迎えられ、ホテルに送り込まれます。

ところが、散歩の積もりで、ぶらっと外に出た井上が、敗戦で激増した「夜の女」に捕まり、行方不明となります。土方は、「どこかで殺されたのではないか」と警察に捜査願いを出したり、警察の死体収容所に行って、「首実検」をしたりして捜します。

その後日、土方は井上を演劇見学に毎日連れ回し、当時の政治的にも文化芸術的にも、新しい様々な流れが渦巻いて激動の最中のドイツの演劇・映画の実態を見せながら、その見方を懸命に伝えるのでした。

（二〇〇九・一一・八）

◆ 新劇の父、土方与志との深交　村山知義の指導で「中間演劇」

三度、筆者の体験談から入らせて戴きます。

時は、昭和四五（一九七〇）年の半ば、所は愛媛県庁知事公室長室。日ソ（ソビエト）協会事務局長土方敬太氏を同道して、不在の白石知事の代理・辻田善太郎氏に案内したのが、共産党県議の私。

用件は愛媛みかんのソ連への輸出問題についての情報交換でした。

一定の可能性に付いての情報交換が済んで辻田室長の「東京へお帰りですね」の問いに「いいえ、大洲へよります」と土方氏、「大洲で何か」「父の母の出里ですから」と。敬太氏の父＝与志の母親が大洲藩主加藤家の姫だったのです。驚いたのは辻田室長、共産党県議が連れて来たのが、「殿様の子孫」とは。

敗戦ベルリンで、土方の案内で演劇を見て回る井上は砥部の出。砥部は幕藩時代は、松山でなくて

大洲藩。その後のこの二人の、特別な関わりの深さに、このことが要因のささやかな一つとなっていたのではと、伊予人の私は思うのでした。

さて、ベルリンでの井上は、「世界で最も劇芸術の発達した国」と聞いていたドイツの芝居を見て回りますが「舞台装置や照明には随分感心」しても、言葉が全く分からず、日本のように、役者の名を呼んだり、拍手喝采することもなく、じーっと観ているだけなのですっかり退屈するばかりで、「ヨーロッパ行きは失敗ばかりだった」(『化け損ねた狸』)と振り返っていますが、その実、多くの宝を、その後の演劇活動の歩みに齎したと思えますが、土方との親交を通じての、新劇との関わりは、その主なものでしょう。

◆ 新派・新劇の違いを越えた協力で「中間演劇」の創出へ

大正一三(一九二四)年六月に帰国した井上は、「カルメン」や「大尉の娘」等で演じますが、特に「大尉の娘」はNHKの最初のメロドラマ放送となるのです。

また、昭和二年には真山青果作「平将門」で不入りの新記録を経験し、蒲田撮影所では映画撮影に多忙を極め乍ら、劇ではゴーリキーの「母」を日本風に翻案した「父」をやって「共産党の連中が押し寄せてきた」(『化け損ねた狸』)りします。

そして、昭和一一年正月「海鳴り」の演出を土方与志の下で新劇の演出を担当していた村山知義に井上は頼むのです。

◆ 治安維持法違反で逮捕の村山知義の弁護に井上立つ！

昭和一一（一九三六）年、「海鳴り」の演出で、「中間演劇」を出発させた村山知義は、井上との盟友的存在となります。井上は東京・柴明舟町（あけふねちょう）に井上演劇道場を開設し、後進の指導に当りながら尾崎士郎作「人生劇場」、三好十郎作「彦六大いに笑う」等で主演し、中には砥部焼を劇化した八木隆一郎作「焔の人」の明治座公演もあります。

正に演劇人として絶頂期の活躍をする頃、日本は戦時体制に大きく歪んでゆきます。

井上の「盟友」村山知義等が、国家総動員法と治安維持法違反容疑で逮捕されるのです。「大東亜戦争」の始まる一年前の昭和一五年夏、新協、新築地両劇団への解散処分にからんでです。その時、

「海鳴り」から（1936年明治座）

村山の演出に全てを委ねて熱心に稽古した「海鳴り」は、劇評家から一斉に賞賛を受け、新派演劇から一歩前進し、新派と新劇の「中間演劇」（東京新聞）と呼ばれます。

そして、この「中間演劇」が今後の商業演劇の発展に示唆を与えたと評価されます。

この様な日本演劇史に残る成果が井上と土方・村山の劇風の違いを越えた友情と相互信頼の実りであったことは、正に劇的であります。

（二〇〇九・一二・一三）

弁護側の証人に立って、村山の日本演劇界での貴重な役割とその人となりに付いて、井上が熱弁を振るったのでした。

この弁護について、村山自身が井上正夫追憶集（井上正夫生誕百周年実行委員会昭和五五年・発行）に次のように書いています。

「もうその頃は戦時中ですから、誰も僕なんかの弁護などしてくれる人は居なかった。その時に井上さん一人が弁護に立って大変立派な演説をして下さった。そのために裁判官は、その井上さんの熱意に押されて、僕がまた執行猶予に、二度目の執行猶予になることができた」と。

軍国主義が狂気じみてくる中での井上の勇気ある弁護が、多くの演劇人に大きな感銘を与えたことは、前掲の追憶集でも多くの人が語っているところです。

◆ 戦災者慰問の為、郷土・砥部で大熱演、大歓迎の熱狂的公演！

昭和二〇年八月一五日、国民にとっては突如として「敗戦」がやってきます。井上は「戦災者慰問」の為一座を引き連れて帰郷します。一一月二〇日の郡中寿楽座のあと二七日砥部座で二回に続いて、砥部小学校運動場に舞台を作って、二八日に公演をします。

郷土が生んだ名優・井上正夫を、戦争が無くなった平和な郷里に迎えて、日頃は穏やかな砥部町民たちは解放的熱狂を共感し合います。酒に親しまない井上の為におはぎを山の様につくり、大南（集落）では、牛一頭殺して肉を分かち合うなど、正に解放感にあふれた熱狂的な盛り上がりとなった様

です。

井上は、その翌年、二二年一月、井上演劇道場を解散して、新劇の村山等の新協劇団に加盟し、村

出身地の砥部町に設けられた「砥部座」

山や土方与志の演出で演じるのでした。

そして、それから四年後、昭和二五（一九五〇）年二月七日、心臓麻痺で急逝します。正に郷土が生んだ名優の波乱に満ちた生涯の最後でした。

尚、関心を持たれた方は、井上正夫関係の優れた資料が、砥部町の文化会館の中のコーナーにありますので、お尋ねください。

（二〇一〇・一・二四）

(5) 丸山定夫

◆ 築地小劇場の開幕のドラを叩き「新劇の団十郎」となる丸山定夫

先に、紹介した、新派を代表する名優でありながら、革新的新劇の先駆者達の協力を得て「中間劇場」を創出して、日本演劇に展望を広げた井上正夫が、砥部町の出身ならば、新劇の拠点となった築地小劇場の開幕のドラを叩いたのが、松山出身の丸山定夫なのです。

ここで、二人を繋ぐ人物にお気付きでしょうか？井上が渡欧中に、ベルリンでの演劇研究で深く世話になった土方与志です。土方に演劇指導を頼み、村山知義の派遣を受け、「中間演劇」の花を咲かしますが、一方、土方が伯爵家の資産をはたい

丸山定夫

開幕のドラを叩いたのでした。

て作った「築地小劇場」第一期演劇研究生が、丸山定夫で、一九二四年六月ゲーリング作「海戦」で、

二〇世紀初年生まれの定夫の二十四歳の青春を、演劇新時代にぶっつけてのドラマの音でした。

丸山は明治三四（一九〇一）年五月三一日、父丸山常次、母こふじの四男として、松山市北京町六三番戸に生まれました。二人の結婚は、常次の入夫婚姻として行われており、常次は当時、愛媛新聞の前身・海南新聞の有力記者で「高知県土佐郡出身の自由党員」とだけ判っていました。

筆者の依頼に、高知の自由民権運動研究家の公文豪氏（元日本共産党県議）から「自由党活動家に伊藤常次という男がいて、明治一五〜六年頃、植木枝盛についてあちこちで演説している。だが一六年以降ぱたりと土佐での記録はない。この伊藤常次が松山へ行って丸山常次になった可能性がある」との返事でした。

そうすると、民主主義憲法の先駆的提唱者の同志の息子が、新劇の開幕のドラを叩いたのではないでしょうか？　四国青春ドラマの一つを、ここからも受け取ります。

◆ 父の病没で、苦難の少年期　柳瀬正夢少年とも友人に

さて、四男定夫は、第一尋常小学校（番町）に学びますが、二年の時、父・常次が亡くなります。そのため家計は苦しくなり、四男の定夫は、他家に養子に行ったり、そこでリンパ腺を腫らしたりして、丸山家に舞い戻ったり、苦難の育ち方をしています。

第三小学校（八坂）を卒業した後松山高等小学校を卒業し、五十二（伊予）銀行に就職、給仕等を勤めます。「まじめでよく働き、本をよく読んでいた」と当時の同僚は話しています。

この頃、定夫は、古町教会のウォーレー宣教師から英語を習い、職場の先輩・伊藤清秀氏からは絵を習っていたと思い出に書いています。

また、近くの大街道三丁目に居た二年上の柳瀬正六という、絵の上手な少年と仲良しになります。柳瀬とは、東雲神社で行われる能狂言を、一緒に見にいった後のプロレタリア漫画家柳瀬正夢です。

ことなどもあったようです。

（二〇一〇・二・一四）

◆丸山家のアリョーシャ、父病死激変の少年時代の丸山定夫

小学二年の時、海南新聞幹部だった父の病死で、丸山定夫少年の生活環境は激変します。

それまで、いずれも秀才の三人の兄に続く末の弟として、ドストエフスキーの「カラマーゾフの兄弟」にあやかって「アリョーシャ」と呼ばれていた、良家の末っ子が、他家に養子に出されたり、戻ったり、富山や福岡に兄達を頼ったり、銀行の給仕をしたり、放浪と貧乏の少年時代を過ごします。

ここで、訂正してお詫びしたいのは、定夫の学んだ小学校についての前号の記事です。第一（番町）に入学、第三（八坂）を卒業、としたのは誤りで、第四（東雲）に入り、八坂に移り、そして養子先で京都室町小に、更に福岡箱崎小に――が事実のようです。これは「丸山定夫を語る会」の門田俊三氏の調査とご指摘によるもので、ここに訂正させて戴きます。

これで、丸山は明治四一年にできた東雲小の柳瀬正夢の二年後輩になり、その後の二人の結び付きの出発点としても確認できます。

また、この頃松山のある家で、やはり「アリョーシャ」と呼ばれていた末の男の子がいます。父は県庁林業課長、兄二人が、松山中学の「楽天」（同人雑誌）グループにいた、山本薩夫（後の映画演出家）です。

薩夫の家には、兄達の友人の中村草田男、重松鶴之助、池内義豊（後の伊丹万作）等が、常に遊びに来て、末の薩夫を「アリョーシャ」と呼んでいたと言います。

大正半ば、白樺派の影響を受けていた当時の松山の知識層の家の傾向を伝えているエピソードでしょう。

◆ 兄達頼り、福岡──高岡、また福岡で、旧友柳瀬正夢と親交

さて、こちらの丸山定夫「アリョーシャ」の放浪は、初めは既に医者になっていた、長兄の正夫を頼って富山県高岡に行ったり、福岡で宅診助手を勤めたり、後には、三兄の俊夫（医学生）を福岡に頼り、家具店の住み込み下足番等をして、俊夫から大きい影響を受けます。絵描きとして、既に「院展入選」を果たしていた柳瀬からも強烈な影響も受けるのです。

この頃、柳瀬正夢と再会します。

柳瀬が大正七年に描いた「邯鄲の夢枕」四十六図の、添えられた短詩等は、丸山の協力によるのではという説もあり、ここでの二人の友情は特に深いものだったようです。

この後丸山は、幾つかの劇団に参加したり別れたりした後、榎本健一と親しくなったりした後、東京に出

ます。そして新築地小劇場創立事務所の置かれていた、小石川の土方与志邸をよれよれの美術学校の服を着て訪ねて、入団を申し込みます。丸山定夫、二十三歳の六月でした。

(二〇一〇・三・一四)

◆ 小劇場の衣裳部屋に寝泊まりし演劇修行に専念の丸山研究生

日本の新劇運動が産声をあげた築地小劇場。最初の銅鑼を丸山定夫がたたいた

「よれよれの美術学校の服を着て」入団を申し込み、「海戦」の開幕のドラ（それは、築地小劇場の「開幕」でもあったが）を叩いた丸山定夫は、劇団の「研究生」として、演劇修行に専心してゆきます。

この間の、丸山の生き方については、長年、丸山研究を進め、松山でも「丸山定夫を語る会」で講演もしたことのある、演劇評論家・菅井幸雄氏の『現代的演技の里程標——丸山定夫の生活と仕事』等に頼って、その特徴を紹介しておきます。

開幕ではドラを叩いたあと、風の音の効果を手伝った位だったが、第二回公演では、ロマン・ローランの「狼」の兵士の役で、六月二一日に出演したのが、定夫の新劇出演第一作となりました。

そして、劇場の楽屋に一人で（但し猫一匹と共に）寝泊まりして暮らしながら、演劇研究に、文字

通り「専念」してゆきます。猫には食事も口移しという可愛がり様でしたが、開幕中に猫が出て来て舞台がさっぱりとなった事もあったといいます。

この様な「専念」の結果、生来の「演技カン」と「思考力」が「彼の演技的才能は加速度的に」成長させていきます。それが証明されたのが、小劇場第一年度で上演されたゴーリキーの「夜の宿」（「どん底」）のルカ役でした。

◆ 小山内薫演出「どん底」のルカで、築地小劇場の中心的役者に

「どん底」（夜の宿）は、演出を担当した小山内薫にとっても、画期的な作品でした。

ヨーロッパ現代劇の神髄を具現するために小山内は「戯曲への深い理解」を演技者に求め、その開演の初日に「芝居は魂だ」という詩を作るなどの高揚の下で演出しました。

演技陣には、ルカの丸山のほか、東屋三郎、山本安英、千田是也、河原崎長十郎、汐見洋、等――後に我が国の演劇界を動かす面々が、いっぱい参加していたのです。

中でも、丸山のルカは「まだ年若いガンさんの、どこにあんな複雑なものがひそんでいたのかと、不思議に思った程の出来（山本安英「ガンさんのこと」）だったと劇団員を驚かせ、八田元夫をして「日本はおろか、世界でもあれだけのルカの形象が出来る俳優はいない」（『回想の丸山定夫』）とさえ思わせる程のものだったそうです。

こうして研究生から劇団員になった丸山は、劇団の中心的俳優の役割を担うようになります。

◆ 四年半で七十三作品で名演技　論文「演技学」と「役者の話」

「芝居は魂だ」の詩を作って、演出する小山内薫の指導の下で、丸山定夫は、「どん底」ルカ役での好演で評価を高めながら、猛烈に仕事に打ち込んで行きます。

座の創立（二四年六月）から二九年三月の小山内追悼公演（二九年三月）迄の四年九ヶ月間に七十三の作品を八十三舞台で演じています。

ルカに扮した丸山（1924 年 10 月）
（『俳優・丸山定夫の世界』未来社刊から）

そして、昭和三（一九二八）年、イプセン生誕百年を記念する「ペェル・ギュント」の公演の成功等によって、「小劇場」における丸山の俳優としての位置は、確固たるものになった」（菅井幸雄）と言われます。

続いて、「何が彼女をそうさせたか」「母」「北緯五〇度以北（蟹工船）」等での熱演が続きます。

（二〇一〇・四・一一）

しかも、財政は苦しく、月三〇円足らずの薄給で、若い情熱を演劇にぶっつけて行きます。

また、丸山は、二つの優れた演技の論文を残しています。菅井幸雄によれば、一つは「演技学」というズバリのものと「役者のはなし」という文章です。

「演技学」では、「観客には十分感動したように見せながら、自分では水の様に冷静に次の演技に進む「二重人格的芸当」の必要性を論じ、また「観客の演技的本能」論等は今日も尚、関係者の関心を集めているようです。

また、愛媛人にとって、興味深いのは、当時のNHKのラジオ放送で同郷の新派の井上正夫との共演があったことです。しかも、二人が熱狂的な演技を交わし会い、放送後に丸山が井上に、やり過ぎを、両手をついて詫びたという、エピソードもあったそうです。是非、あり様の再現を聞きたいものです。

以上のような舞台での活躍のほか、昭和八年頃から、映画出演も五十五本に及び、演出には伊丹万作、山本薩夫、今井正等、興味深い顔触れが並び、一方、NHKのラジオ放送劇には大正末以来、連続して出演したほか、詩の朗読の第一人者としても広く感動を広げたのでした。

もしも、丸山定夫が原爆死しなかったら「日本の演劇を大きく変えただろう」と言われる所以は、以上のような彼の活動の実績の各面で、多くの関係者が確信したのでした。

◆ 戦争さなか 「桜隊」で全国巡演 広島で原爆、苦しみ厳しい最後

そうです。日本演劇の天才的代表者とも言うべき、丸山定夫は、一九四五年八月六日、広島原爆

丸山定夫を語る会が毎年開いている生誕祭

に直撃され一六日に、体内の分裂に苦しみながら、亡くなります。四十四歳。

それは、日本文化に対する原爆の直撃、そのものであります。

さて、丸山の豊かすぎる歩みを伝える事は、筆者には重すぎます。一九七〇年ルポ出版社『丸山定夫・役者の一生』（菅井幸雄等）を是非お読みください。

また、二〇〇二年以来松山で活動している「丸山定夫を語る会」（畑野稔代表）の集まり等を活用してくださることをお勧めします。

この会では、只今、丸山の記念碑を松山（コミュニティ・センター周辺）に建設する活動も進めています。皆さんのご協力を願って、この編を閉じます。

（二〇一〇・五・九）

(6)柳瀬正夢

◆東京大空襲、新宿駅で爆死！　松山生まれの多彩な先駆的画家

柳瀬正夢自画像。(1916年頃)

前回迄に四回にわたって紹介した新劇の名優・丸山定夫は、敗戦の年、八月六日、広島で原爆に直撃され、一六日に亡くなりました。

その七十日前の五月二五日午後十一時、新宿駅で米軍の東京大空襲に直撃され亡くなったのが、丸山の友人でもある松山出身の先駆的画家・柳瀬正夢でした。

それは、三月一〇日の東京下町空襲に続く、二度目の東京大空襲で、主に山手が大攻撃されたのでした。

その空襲をやや北方の埼玉県朝霞から直視し続けていたのが、他ならぬ筆者（中川）です。十七歳の陸軍予科士官学校生でした。防空壕から出たり入ったりしながら「あれは新宿方面でないか」等と言いあって見つめていました。まさかそこに、松山東

雲小学校の大先輩の天才画家が倒されていたとは――後に思い当ったとき、衝撃を受けない訳にいきませんでした。

柳瀬正夢は、明治三三（一九〇〇）年一月六日、松山市大街道三丁目十七番地に生まれます。今の東雲高等学校正門の南隣の家です。

父利右衛門は今治の城への御用魚屋の三男で松山に出て、人力車や宿屋等を営み、母イノヨは、波止浜の白石庄屋の出と伝えられています。正月六日に生まれたので「正六」と命名されましたが「ひょうろく」と呼ばれるのを嫌がったとも伝えられています。

はじめ第一（番町）小学校に入りますが、第四（東雲）が新設され、それに移ります。二年下に、丸山定夫がいて、生涯の友達となります。

◆ 絵が好きで画家志望、洋画講義録で勉強、美術校試験に遅れる

父の人力車は、日露戦争の捕虜収容所が松山に出来て、ロシア人捕虜の利用で景気が良く、宿を経営した時期もありましたが、段段苦しくなり北九州に移る様になります。

正夢は子供の時から絵が好きでした。父はそれを嫌い、絵が捨てられたりしたので、母方の祖母がいた北立花の家で絵を熱心に描いた様です。

門司で尋常高等小学校に通う頃、洋画の展覧会に刺激され「洋画講義録」を録ったりし、卒業後は画家志望を父に言いますが、受け付けられません。家出して上京しますが、東京美術校の試験には間

◆ 荷車を引き、絵描き、新思想に学ぶ、正夢の忙し過ぎる青春

に合いませんでした。

大正三（一九一四）年九月、画家をめざして上京するも、美術学校の入試には間に合わなかった柳瀬正夢少年（十四才）は、松山以来の友人水木伸一等とともに画家志望の村山槐多と親交を結びます。

そして美術院研究所に学び、房州海岸等に遊び、ムンク、ゴッホに強い影響を受けます。

翌年五月には、日本水彩画会第二回展に「午後の会社」が初入選しましたが、東京から門司に戻って、瀬戸内のスケッチに励みます。この頃は、ルノアール、セザンヌに惹かれ、フランス語の独習も始め「少年の無邪気な野望は、フランスの空を駆け巡っていた」と柳瀬信明氏の「柳瀬正夢年譜」に書かれている有り様でした。

八月、小倉の洋画三人展に出展した正夢は、彼の生涯に影響を与えた人物に出会います。売文社社員・松本文雄という美術評論家です。松本は同郷の先輩の堺利彦とともに、社会主義者であり、先鋭的な、美術評論でも知られていました。松本から社会主義の洗礼を受け、大きな衝撃を正夢は受け、美術活動に大きい影響を受けます。

また、正夢は竹久夢二に惹かれ、夢二風の詩画スケッチを多く残しています。

一方この頃、正夢は、父の家業を助けて「枡を持ち、俵を担ぎ、荷造りをし、荷車を引いて、良く働いた」と本人の自叙伝にも、戦後の父親の回想にも、書かれています。

◆ 十五才で院展入選の「河と降る光と」を激賞する「漱石の弟子」

「河と降る光と」
（1915年8月　油彩・キャンパス）

「働きながら、絵に情熱燃やして走り回った」のが、柳瀬正夢の「青春」だったようです。

正夢が迎えた十五才の一〇月初めに、東京から電報が届きます。文展、二科に並ぶ院展に正夢の門司港を描いた「河と降る光と」が入選したという電報が届けられます。

父利右衛門は、その電報を得意先からの大豆の注文伝票と一緒に、正夢に渡します。

十五才での院展入選は、強い衝撃を与えますが、この絵を激賞したのが、「漱石の弟子」と称せられる評論家小宮豊隆だったのです。

（二〇一〇・七・一二）

◆ 「色彩分析と色彩綜合感覚」を激賞した小宮批評に涙止まらず

大正四（一九一五）年一〇月の第二回院展に入選を果たした柳瀬正夢は十五才、正に天才的画家へ

の出発でした。

その作品「河と降る光と」を「新小説」十一月号で激賞したのが、小宮豊
隆（一八八四〜一九六六）は文学・演劇・文化の評論家で東大で夏目漱石に師事して以来「漱石の弟
子」と自他共に認められた存在でしたが「河と降る光と」を次のように、批評・紹介しました。

「然し描かれた絵は立派なものである。ここにはしっかりした物の掴み方がある。鮮やかな色の使
い方がある。そうしてそれらのものは不自然な声色ではなくて、自分でちゃんと見て自分でちゃんと
使っている。この作者は色彩を分析する感覚と色彩を綜合する感覚とを可成多量に付与されている人
のように見える。（略）」と十五才の作家の作品を正に「激賞」しているのです。

さらに「この人が如何に鮮やかに色を追うことが出来る人であるか」「色を追っていくにも疲れた
り誤魔化した様な処は一つもない」と特に「色使い」を誉め称えています。正夢は、小宮批評の載っ
た「新小説」を家に持ち帰って、一人読み返した時、目からとめどもなく涙が流れました。

十五の春が終わろうとの日記帳には、その批評に同感して「自分の作品はいつも光の表現法に苦心
してきたことは分かり切ったこと」と記しています。それは画家としてスタート出来た十五才の総括
でもあった様です。

◆ 松山の絵画展に二千三百人　波止浜ミカン畑で「父母」描く

翌一九一六年の春から夏にかけて正夢は、松山に帰り、また亡き母の故郷の波止浜を訪れています。

松山では、六月一日から三日間、松山市商品陳列場で柳瀬正夢絵画展覧会を開き、三日間で二千三百人の入場者が郷土が生んだ青年画家の活躍を確認したといいます。

さらに、波止浜の伯父と叔母の家ではミカン畑などの農作業も体験して、二才で別れた母を慕うわが心を伯父と叔母を、わが父母に見立てて「父母」という作品に仕立てています。ミカン畑の父母という設定は正に伊予の先人芸術の証です。

（二〇一〇・八・八）

「父母」（1916 年油彩・キャンバス）

◆ 文化協会門司支部事務局長として制作と活動に大活躍

前回の終りに、波止浜のミカン畑で、正夢が二歳のときに死別した母を思う絵を描いたことを書きましたが、母を慕う詩もこの頃に残しています。

その当時に書いた「柳瀬ノート」には次の様な、死んだ母に語り掛ける詩があります。

「今日のしるしに」

何故夢にも見せてくれないの！
静かに眠っていらっしゃる母よ！
私は母がこの今に生きてゐて下さればどんなに嬉しいだろう

幸福だろう如何程！

（中略）

母さん母さん！貴方は何んなに私を可愛がって下さったでしょう
それを知っています
そうしてお若いときのご苦労！
良く知ってゐますよ！
お母さんを思ってゐる私にせめて
何故夢にも見せて呉れないの
静かに静かに眠って下さい
私が居ますのを知って！

（井出孫六『ねじ釘の如く』より）

十五歳で「院展入選」を果たして多くの期待を集め始めたとき、改めて亡母への熱い思慕を、少年
らしく表現していて胸を打たれます。

活動の実際は、門司等北九州の先駆的絵画活動の集団＝分離派洋画協会の事務局を担当して、会の
組織活動と自らの創作活動で、忙しい日々を送っていました。

この頃、黒田清輝の裸体画への弾圧に抗議して「初検束」も受けるという、後の反戦・プロレタリ
ア画家として受ける弾圧の先駆的経験にも直面したこともあった様です。

◆ 旧友・丸山定夫と博多で再会　「邯鄲夢枕」で東雲の夢追う

また、松山の旧友、丸山定夫が博多の長兄の病院に勤め、久方ぶりで再会の二人が、共に歩き、描き、詩作で友情と青春を満喫した日々もそこにありました。

この頃の正夢の作品の中でも、とりわけユニークな光を投げかけている「邯鄲夢枕」の四十八帖の詩と絵へのこだわりには、ともに東雲（松山第四）小学校出身の二人が、東雲神社境内での能狂言を子どもの時に見た影響もその底に漂っているのではないかと、やはり東雲小卒の後輩として筆者（中川）は思うのです。

中国河北省の「邯鄲」を舞台としたこの題目が、能の名狂言の一つで松山でも演じられていたのでした。

（二〇一〇・九・二二）

◆ 詩絵集の表題を丸山に相談　定夫「邯鄲夢枕」を推薦

「邯鄲夢枕」は表紙、背表紙、裏表紙と挿絵四十五葉、合わせて四十八枚の絵と文によって構成されていますが、これを製作中、正夢は丸山定夫への手紙で、その表題をどれにしようかと相談を掛けています。「死」「虚無」「地蔵微笑」そして「邯鄲夢枕」の四題です。

これに対して、打てば響くように丸山は「邯鄲夢枕」を推してきます。そして夏目漱石が「こころ」

「邯鄲夢枕」の表紙

◆ 戦後三十三年松山で初公開の「邯鄲夢枕」　驚嘆した洲之内徹

縦17・5センチ、横12・5センチ、厚さ5センチの小型本の「邯鄲夢枕」を見て洲之内は「中のコマ絵は鉛筆またはペンに水彩で着色したものであるが、四〇枚以上あるこの絵がみんなすばらしい。この絵を描いた当時の柳瀬は門司にいて俵担ぎのような労働をして、しかも正規の過程の勉強をした時期は全くないのに、その彼はどうしてこれだけのものが描けたのか、感嘆というよりむしろ唖

で渡辺崋山が死期を繰り延べて邯鄲の絵を描いたと紹介していること等をあげて「正夢兄らしく意表を憑いてくれ」と励ましたのです。

さて、ここで経過を逆転させ、この「邯鄲夢枕」が初めて公開されたのが、戦後そして柳瀬没後三十三周年の愛媛新聞社主催の愛媛県立美術館だったことについて述べます。

この催しに協力した、美術評論家・洲之内徹（松山出身）が、柳瀬未亡人から「風呂敷に包んだ弁当箱くらいの包みをそっと私に手渡」されたのがこの本「邯鄲夢枕」だったと言うのです。

そして「一見夢二色の強い」この絵が「アールデコ風とも未来派風」とも言えることに驚嘆します。

「邯鄲夢枕」に収められた詩画の１枚。
ペンと水彩で描かれ竹下夢二色が濃い

◆ 如是閑紹介で読売で政治漫画 「種蒔く人」同人で大活躍！

大正八（一九一九）年三月、十九歳の春、諸困難を克服して、上京。日本美術院にも通ってデッサンの勉強をしながら、ジャーナリストで評論家の長谷川如是閑に、画才を認められ家人の様に愛され、

的表現を計ろうというものだが、柳瀬の天才的な絵の輝きに比べて彼の詠む歌の技量は著しく均衡を失したものだが柳瀬が残した膨大な仕事の中で「光芒を放つ代表作」だとしています。

然としてしまう。柳瀬正夢はやはり天才だったと思わない訳にはゆかない」（洲之内徹『柳瀬正夢ノート』）と書いています。

そして「夢二色が強い」と一見の感想を書きながら「良く見れば夢二とちがうし、すでに遙かに夢二を越えている。夢二よりもムンクやクリムト等のドイツ表現派に似ている」などとも指摘しています。

尚、柳瀬正夢研究家で再三来松もした甲斐繁人氏は「邯鄲夢枕」は歌稿と画稿をまとめて全

（二〇一〇・一〇）

「五月の朝と朝飯前の私」
（1923年　油彩・キャンバス）

正夢も長谷川を〝中野のオジサン〟と呼んで親しんだそうです。

そして長谷川の紹介で読売新聞編集部に配属され、政治漫画等で、活躍の舞台を獲得します。

同時にこの頃、正夢は、未来派美術運動に興味を持ち、未来派、キュービズム、表現主義等に惹かれながらさらにこれを否定して「新芸術」の真理美即ち「社会的意思との有機的一元化」をも目指し始めた様です。

そして読売には、柳瀬の描いた議会風景や政治家の似顔絵など評判を呼び始める頃、柳瀬は一方では、青野季吉等のプロレタリア文学誌「種蒔く人」の同人となり、その装丁や挿し絵に、社会批判的な絵を描き始めています。

さらに、一九二二年三月には、種蒔き社提唱の文芸懇談会実行委員として活動したり、革命後のロシアの飢饉救済運動を読売も取り上げる中で積極的に参加します。

また、「過激思想取締法」反対運動のために結成された自由思想組合に入会して活動します。

二二年一〇月には「日本及び日本人」に「漫画新東京五十題」を発表し、翌二三年四月には、出版従業員組合の設立総会に参加します。

そして、この頃ヨーロッパから帰ってきた村山知義

が持ち帰ったグロッス作品集に強い衝撃を受けます。それは、大浦周蔵、柳瀬正夢等に村山が加わった五人グループのMAVO──マヴォという新しいグループの結成という展開を見せます。

一九二三年六月二〇日に結成されたマヴォは、七月二八日、浅草の伝法院で展覧会を催します。これに柳瀬は「五月の朝と朝飯前の私」外十八点を出品し、五人で計百八十五点を並べます。いずれも「形成芸術」の主張豊かな作品ですが、観客はさっぱり集まらず、惨めな出発となります。

◆ 形成美術マヴォを村山等と結成　大山郁夫宅で関東大震災に遭う

この頃、マヴォの中では、村山と柳瀬の間に、社会主義思想を核とする必要性を巡って論争があったと柳瀬が書き残しています。必要性を主張したのが柳瀬だったとしています。

その柳瀬は、早稲田大学教授で進歩的指導者の大山郁夫の、若い護衛役として戸塚の大山邸に寝泊まりしていました。九月一日午前十一時四十八分、関東大震災が大山邸に襲いかかり、柳瀬は震災と大弾圧に真向かいます。

（二〇一〇・二・一四）

◆ 関東大震災で大山邸で逮捕の中グロッスを描き取る柳瀬

大正一二（一九二三）年九月一日午前十一時五十八分、東京の大地はマグニチュード七・九の激震に見舞われます。

柳瀬が描いた「無産者新聞」の
ポスター（1926年ごろ）

早稲田大学の進歩的教授大山郁夫の戸塚の屋敷に若い護衛役として寝泊まりしていた柳瀬正夢は、建物の倒壊は免れたものの、書棚という書棚から本は投げ出され、柳瀬の小さい体は本の下に埋まりかけますが、余震の合間を縫って、主人を励まして、あれこれ片付けに奮闘します。

そこへ、憲兵隊が踏み込んで来たのは、翌九月二日のことでした。その時の状況を柳瀬は「戦旗」六号に書き残しています。

六人ばかりの一隊が乱入してきた。書斎に集まって書類を検分し出した。この時、初めてゲオルゲ・グロッスのモチーフを見、またグロッスを理解した。クッションにもたれていた私の手が無意識に鉛筆を持って紙の上を走った。「君に命令だ。写生は禁止です。」と隊長に一喝された。──と。

大震災の最中に、憲兵隊に捜索される「非常事態」の極限の中で、心打つ芸術に触れて、それをなぞる柳瀬、そこに革新的画家「柳瀬正夢」の真骨頂の響きを感ずるのは、紹介者だけではないでしょう。

この時、東京では、一日の午後三時頃から、社会主義者及び朝鮮人の放火のうわさ、流言が飛び交い、その為に、川合義虎、平沢計七等の社会主義者や七千人以上の在日朝鮮人が軍隊、警察、自警団

の手で殺されます。

正に日本の「ファシズムの温床が露出した瞬間だった」（井手孫六『ねじ釘の如く』岩波書店）の

です。柳瀬は、五日間、早稲田戸塚署に拘置されます。

◆ 生年月日は大正一二年九月一日　更生使命は組織的無産階級解放

六人の兵隊の銃剣で連行され、自警団の人々から「やっぱり朝鮮人だったんだな」の罵声を投げか

けられつつ淀橋署を経て早稲田戸塚署に留置され、虐殺だけは免れますが、この烈酷な体験が、柳瀬

の人生を一段と前に進めます。

大震災事件から四年後の、昭和二年一月二日に書き起こされた自叙伝の冒頭に「彼の生年は大正

一二年、月日は九月一日。ぐうたらでありし過去のぼろをこの日さっぱり捨てたから、関東大震災の

焼土の中に。そして彼の更生使命は「組織的無産階級解放運動」と明記したのです。

（二〇一〇・一二・一二）

◆ 「小夜子」と結婚、舞台装置で活躍、「無産者新聞」の専属画家に

大震災と大弾圧を自ら体験した柳瀬正夢は、そこからの「更生使命」を「組織的無産階級解放運動

におく」と言明して、新しい決意で立ち向かいます。それは決して、一面的な軽い決意ではなく、人

柳瀬が描いた「無産者新聞」の
ポスター（1927 年）

まともに真向かいます。

さらに、新しい活動分野を切り開いたのが演劇の「舞台装置」で、同年四月先駆座の「水車小屋」「なかま同志」を皮切りに、翌二五年五月先駆座の秋田雨雀作「アイヌ族の滅亡」、長谷川如是閑作「エチル・ガソリン」等、相次いで舞台装置を担当して好評を博します。

また多くの出版物の装丁を担当して如是閑、金子洋文、小牧近江等の本の装丁でも忙しく働きます。

その忙しい柳瀬が、同年九月二〇日創刊の「無産者新聞」（月二回刊行）の〝専属画家〟となって小説挿し絵、挿画を懸命に描きまくっていきます。震災と弾圧の体験から「更生使命」を「組織的無産者解放運動におく」と明言したことの実践でした。

また、その翌大正一五（一九二六）年五月には、当時、世界的注目を集めていた英国炭坑夫大争議

生の新たな出発点から始めます。

先ず、かねてから交際して来た青木梅子と結婚します。しかも「梅子」を以前から憧れていた女性名の「小夜子」と呼んで新生活を始めるのです。

また、この年「日本漫画会」を発起人となって作り、マヴォ第二回展にも出品する等、絵画活動に取り組む中で、翌大正一三（一九二四）年六月、震災で休刊になっていた「種蒔く人」に新しい人を加えた「文芸戦線」の同人として、解放運動に

支援のカンパ活動の為の街頭漫画市を開いて柳瀬装丁のパンフレット等も配り、国際的な労働者支援活動にも積極的に取り組みます。

◆ 「無産者新聞」四万余の読者に柳瀬等の漫画が大きな役割果す

そして、柳瀬が専属画家として漫画の腕を奮った「無産者新聞」は、当初予想されていた数千部の部数を次第に越えて目標五万に近い四万数千部を発行する迄に拡大し、大きな励ましを、労働・農民運動に与えました。その要因の一つが、柳瀬を先頭にした漫画が広く大衆的に歓迎された事にあったのは確かな事です。

（二〇一一・一・一六）

◆ 無産者新聞大衆化の力・漫画の描き道具に「むくげ」の枝を!

大震災と大弾圧の厳酷な体験から「更生使命」（生き方）を「組織的無産者解放運動」に置くと決意した柳瀬正夢は大正四（一九二五）年九月発刊の「無産者新聞」（月二回刊）の専属漫画家として全力を尽くします。

柳瀬等の強烈で、しかも分かり易い表現の功もあって、当初、「まあ数千部位」と予想されていた「無産者新聞」は四万数千部に広がります。

ますます張り切って、「強烈・明確な漫画」作りに打ち込む柳瀬が、読者に或る「協力」を紙面で

柳瀬が描いたポスター「飢えたる農民に労働者の手をのばせ!」(1934年)

訴えたことがありました。それは、漫画を描く絵筆に或る植物の枝を割いたのを使うと、絵の線が、一層鮮やかに描けるので、その植物の枝を「無産者新聞」へ送って呉れないか?というものでした。そして、その植物の名は「むくげ」(木蓮)だったのです。アオイ科の耐寒性の低木(二~四メートル)で、庭園などによく植えられ、白、紅、紫の花を、毎朝咲かせ夜には散るが、翌朝は又新しい花を六月頃から一一月頃まで毎日咲

かせるのです。このことは筆者(中川)がほぼ毎朝登っている松山総合公園にある二本の「むくげ」で毎年確かめているところです。

さて「むくげの枝を送って!」との柳瀬の訴えへの反響はどうだったのでしょう?

◆ 朝鮮・韓国の国花「むくげ」深く耐えて美しい連帯の表明

時は、大正一五(一九二六)年の夏の頃、「無産者新聞」の編集室は、全国から次々に送られて来る「むくげ」の枝の山に被われて終い、柳瀬等は、余りにも強烈な読者の反響に驚きます。

その訳は「むくげ」が朝鮮・韓国の「国花」であり、民衆の中でも強く愛着を持たれている植物だということにありました。「パッと咲いてパッと散る」日本の桜に対して、「毎朝咲いて、夜に散って翌朝また咲く」——他国に侵略されても——粘り強くその美しさを守り抜いてゆく「むくげ」の深い強さを称え誇りとする在日朝鮮・韓国人の心情がそこに伺われます。

また、関東大震災で共に弾圧に抗した柳瀬正夢への「在日」読者達の強烈な連帯の表明でもありました。

（二〇一一・二・一三）

◆ 「むくげ」の枝で描いた漫画の鋭い風刺性で社会矛盾を突く

グロッスに深い影響を受けた柳瀬の漫画は、鋭い風刺性を持って、社会の矛盾を突き、鮮烈な反響を広げていきます。

例えば、昭和二（一九二七）年一〇月一五日付け「無産者新聞」一面に載った、血塗られた軍刀にすがり、中国の荒野を血を求めて彷徨う悪鬼のような日本軍人の凶悪さをえぐり出した風刺画「怪物徘徊し天地昏し」は「反戦画家・柳瀬正夢」の真骨頂を「むくげ」の小枝の筆で証明しています。

「無産者新聞の顔」となった柳瀬の漫画は、当時の反戦平和の運動に大きな役割を果たします。

さらに、プロレタリア文化運動の「戦旗」や「ナップ」や、図書の装丁、労働、農民運動のポスター等で弾圧の下での、諸運動に力強い助けを与え続けたのでした。

この中で、柳瀬は、日本無産者芸術連盟（ナップ）の中央委員を務める外、一九二八年六月には、

「怪物徘徊し天地昏し」
（『柳瀬正夢全集 第2巻』三人社より）

その様な日本の戦前史の歪みの中で、柳瀬が人間的良心を貫いて、反戦平和、人民解放の側に立って生き抜いたことは、やはり感動的な生涯だったと考えられます。

◆「赤いねじ釘サイン」柳瀬画 魯迅が高く評価、中国民衆にも

さて、この頃、柳瀬の作品作りに「むくげの枝」と共に、特徴的なことは、軍国主義の支配の下で描かれる柳瀬の作品に、「赤いねじ釘のサイン」が付けられていることです。自ら描く風刺画、装丁、ポスター自著にも、必ずこのマークを付けています。それは闘う仲間たちの連帯と共同を支える「赤

死刑含む罰則等への治安維持法改悪反対連盟の実行委員になり、軍国主義の一層の深化に抵抗する運動に真正面から取り組んでいきます。

その状況は、柳瀬の芸術家としての豊かな開花を期待する側から言えば、極めて不幸な芸術環境だったとも言える状況で、後に柳瀬を単純な「アジプロ画家」とだけ狭く受け取らせる要因にもなった面があるかも知れません。

「ねじ釘」を象徴しているとも受け取れます。

また、この頃、中国の魯迅が、柳瀬の画業を高く評価し、中国民衆の中にも柳瀬の風刺性豊かな「漫画」のファンが広がって行った様です。

（二〇一一・三・一三）

◆　無産者新聞に発行停止処分　治安維持法で日本暗黒時代へ

柳瀬正夢は、共産党の合法紙「無産者新聞」の漫画欄を受け持って、「むくげの筆」を振るい、「赤いネジ釘のサイン」を印し続けて描き続けたのでした。

「無産者新聞」は大正一四（一九二五）年九月発刊以来、治安維持法による弾圧で発行禁止となった昭和四（一九二九）年二月一日付の二〇四号迄発刊されましたが、柳瀬を始めとした漫画家集団が四万部以上の読者に、戦前の暗黒時代に、デモクラシーと社会進歩、そして、反戦平和の為に、大きい影響を与えたことは、前にも指摘しましたが、確かなことでした。

この頃、日本は国際的に孤立すると共に、治安維持法をてこにした弾圧と暗黒の時代に入って行きます。

昭和四年三月五日、治安維持法に死刑を加える改悪に反対した山本宣治代議士が、右翼の暴漢に刺殺されます。

一方では、小林多喜二の『蟹工船』や、松山高校出身の宮本顕治の「敗北の文学」が出版されたりもしましたが、この年、治安維持法で検挙された者は四九四二人に上ったと『日本共産党の七〇年』の党史年表は伝えています。

また世界恐慌の波が日本に波及し（昭和恐慌）、失業危機、農業危機が深刻となり、翌三〇（昭和五）年には、労働争議二二八九件、小作争議二四七八件が数えられ、日本帝国主義は大規模な中国侵略を画策・準備していきます。

こういう情勢の中で、柳瀬正夢は昭和六（一九三一）年、日本共産党に入党します。

「弾圧に逆襲せよ！ストライキだ！デモだ！」（『無産者新聞』1929年2月1日付）

◆柳瀬正夢日本共産党に入党！　「満州事変」の足音近付く

相次ぐ弾圧に、風間丈吉、岩田義道、紺野与次郎等の〝非常時共産党〟とよばれる新しい指導部が作られ昭和六（一九三一）年の一～二月頃、柳瀬正夢は日本共産党に入党したと言われています。

大正一〇（一九二一）年の「種蒔く人々」に参加して以来既に十年、柳瀬の活動を知っている人から見れば余りに遅過ぎると思われても当然ですが、これには、この当時の、公然と非公然の活動形態の使い分け、そして、柳瀬が、特別に背負わなければならなかった任務が伺われます。

（二〇一一・四・一〇）

◆「満州事変」の年に共産党へ！ 漫画家の裏で党員としての活動も

昭和六（一九三一六）年は、九月一八日の「柳条湖事件」で「満州事変」と称した中国侵略戦争に突入して行った問題の年ですが、この年に「反戦平和」を貫く日本共産党に入党した人が少なくなく、その中には、小林多喜二、宮本顕治等の外、愛媛の関係でも白川晴一、重松鶴之助、そして柳瀬正夢がいたのです。

当時の社会民主主義者等の戦争協力的態度への揺れに対して、柳瀬たちが日本共産党への道を選んだことの意義は深いと思います。

井手孫六氏の『ねじ釘の如く　画家・柳瀬正夢の軌跡』（岩波書店）は、柳瀬を紹介する優れた作品ですが、それでは、この間に、柳瀬が中国上海等に旅して、コミンテルンとの連絡に当たったらしいことを、彼に近い人物との関係や、特高警察側の資料等でも触れています。

柳瀬が画家として、多面的に活動しながら、党の為に、重要な任務を果たしていた可能性は高いことだったようです。

しかし、柳瀬には妻小夜子と二人の幼い娘との家庭生活もありました。しかも、小夜子は持病のカリエスを治す為に、世田谷上馬の家から房総に出かけたりしなければなりませんでした。

そのカリエスを治す為に、友人の強い勧めで、その分野の病気の「名医」と評価の高かった東大の真鍋嘉一郎教授に診察を乞うたのは三一年の秋が深まる頃でした。この真鍋教授が、西条市の出身で

松山中学等を経て東京大学に進んだ「名医」であることを知る人も愛媛では少なくありません。

◆ 小夜子の診察を真鍋「名医」に　秋夜に治安維持法で柳瀬逮捕へ

柳瀬一家。（左から）正夢、長女・利子、妻・小夜子、次女・照子

　真鍋教授の一時間半にも及ぶ診察の間、柳瀬たちは部屋の隅で緊張して待っていましたが、やがて、柳瀬は名刺を取り出して、その裏に、教授の似顔絵を鉛筆で描いてゆきます。

　紹介した友人等は、一面では有名な「かんしゃくもち」の教授の機嫌を損なわないか心配し、柳瀬をつつきましたが、柳瀬は平気で描き続けたそうです。

　その絵は後日、教授に届けられましたが、小夜子の再診察の時に、一旦は「約束ない」と断ったのに「あああのポンチ絵の人なら」と診察してくれたという逸話まで残しました。

　その柳瀬が、三二年一一月の寒い夜、特高二十数名の襲撃を受け逮捕されます。治安維持法違反容疑で。

（二〇一一・五・一五）

◆ 麻縄で括られ二階から落とされ拷問と不屈に闘い抜く柳瀬正夢

特高警察官二十数名の襲撃で逮捕された昭和七（一九三二）年一一月末、柳瀬は「顔を洗い、歯をみがき茶漬けを食べたい」と言い、警察に認めさせ、メシの中に、レポ用紙を忍び込ませて食べて、自分の腹の中に隠してしまう等、落ち着いた対応を見せたと伝えられています。

柳瀬が引っぱられた世田谷署に小夜子は駆けつけますが、面会は許されません。留置場で一緒だった男等の話では柳瀬はひどい拷問を受け、殴る、蹴る、指の間に鉛筆を入れての拷問の他に、身体の小さい柳瀬を麻縄で縛って、特高が二階の階段から階下へ蹴落とす、気絶すると、バケツで水を掛ける、特高達は酒を飲んで数日繰り返すという拷問を受けました。

この頃、同じ世田谷署に逮捕されていた「無産者芸術連盟」の歌人・渡辺順三は、留置場の二階で気絶した柳瀬の身体にぶちまかれた水が階下の廊下にポトポトと落ちてきた情景を「私の短歌遍歴」に回想しているそうです。

一二月の半ば過ぎでようやく差し入れが許され、年が代わる頃、妻・小夜子の面会が許されますが何度目かの面会のとき、柳瀬の髪が殆ど抜け落ちているのを見て、拷問の野蛮さを、小夜子は思い知ります。

二人の幼な子を含めて、この一家への残酷な「治安維持法」による弾圧の惨たらしさを、柳瀬の松山の、東雲小学校の後輩としての怒りを持って見つめない訳にはいきません。

ちょうど同じ頃、松山高校出身の岩田義道や、作家・小林多喜二も相次いで特高警察に虐殺されています。正に「暗黒日本」の最中でした。

◆ 残酷な拷問の中でも筆を持ち絵心を忘れない正夢の芸術魂

自画像
（1920 年頃、油彩・キャンバス）

残酷窮まる拷問を受ける中でも、絵描きとしての心意気は激烈だったと伝えられています。例えば、何度目かの面会のとき、小夜子と話しながら二階の窓から見える冬景色を色紙に描き上げ、もう一枚には雛人形を描いて世話に成った友人に託したという話も伝えられています。「まあ、この人は！」と小夜子は正夢の芸術家根性に改めて感じ入ったそうです。

（二〇一一・六・一二）

その小夜子に激震が訪れます。宿病の脊椎カリエスの急悪化です。

◆ 小夜子の死と保釈決定、遺骨を松山・持田・西龍寺の墓に納骨

昭和八（一九三三）年の八月、逮捕された正夢を脊椎カリエスの病身で懸命に支えてきた小夜子（本

名・梅子）の病状が大きく悪化します。弁護士・三輪寿壮等の尽力で、三日間だけ、入院中の東大真鍋内科に拘留停止で駆けつけ妻と対面しますが、小夜子は旅立ちます。妻のデスマスクを水彩で描きとります。

そして、九月二一日には保釈が決定し、懲役二年、執行猶予五年の判決を受けます。取り調べの過酷さに比べ、比較的に軽い判決は、柳瀬の治安維持法違反の二つの「罪状」の内、「赤旗」等での画業での違反には過酷な判決は難しかったことと、上海などでのコミンテルンとの連絡については、柳瀬の断固とした黙秘が貫かれたことなどがその要因と見られます。

逮捕中に妻に病に倒れられ、二人の幼女が残され、悲劇的環境に落ち込まされた柳瀬は新宿区・西落合のアトリエに、子供たちと共に生活を再建します。正力松太郎の尽力で読売新聞に復帰も遂げます。

そして、翌年には妻の遺骨を、柳瀬家の墓地のある、松山市持田町の禅刹・西龍寺（県総合社会福祉会館の東隣）に納骨する為に訪れます。

更に翌翌年の一九三六年四月にも墓参に来松し、西龍寺に行く前に、左翼的美術運動では後輩になる洲之内徹を生家の大街道のちゃわん屋に訪ねますが、丁度、留守でした。ことを知った洲之内が、追って、旧制松山高校や松山中学付近を走り回って捜しますが、会えませんでした。

82

◆ 「日本の柳瀬、プロレタリアの輝ける星・柳瀬」と洲之内徹

柳瀬家の菩提寺・西龍寺（松山市持田町）

　「日本の柳瀬、私が自分の青春の全てを掛けたプロレタリア運動の、輝ける星としての柳瀬」（愛媛新聞一九七八年三月二六日）との貴重な巡り合いを果たせなかったことを洲之内は深く惜しんでいるのです。

　戦後、鋭い美術評論家として、東京銀座「現代画廊」経営者として活躍の洲之内徹は、戦前は松山中学を経て入った東京美術でプロレタリア運動に参加、郷里に帰ってからも運動を進め、松山郵便局電話課等に左翼グループを組織したことを、戦後確かめた事もある私（中川）も二人の交流の不成就を強く惜しみます。

（二〇二一・七・一〇）

◆ 弾圧の苦難を画業で受け止めつつ暗黒日本を鋭く見つめる「仮面」

　不当な弾圧で「懲役二年、執行猶予五年」の刑を受け、妻は病死。柳瀬正夢は、形の上では「転向者」と言う内面的苦痛を背負いながら二人の幼女児の待つ、妻亡き家に辿り着いて、苦難の歩みを続

けます。

正力松太郎の手配でか、読売に政治漫画「六十五議会開く」（一九三四年一月二二日付）を皮切りに、夏川八郎のペンネームや、HN等のイニシャルで掲載され、柳瀬が生活の場をなんとか確保したことを井出孫六氏『ねじ釘の如く』等が伝えています。また、この頃、友人・小林勇等は、漫画から「油彩」に帰ることをすすめ、恐れを知らぬ絵描き・柳瀬はそれに応えています。

苦難の中でも、柳瀬が、絵筆を捨てることが無かったのは、各方面の理解者、支援者に助けられたからで、再び油彩画にとりくんで各地を回り、また、自宅に勤労者対象の絵画サークルを開設もしました。また、同じ様な弾圧を受けた松山文雄等と中国東北地方にスケッチ旅行に出掛けたりもしました。

だが、時代は、ますます暗黒・狂気の戦時体制を強めていきます。

この頃、柳瀬が描いた油彩に「仮面」という作品（一九三六年）があります。黒っぽい机の上に置かれた、赤い髪飾りをまとった、ピエロの面は、その目と瞳は、斜め上に向けて、深く鋭い視線を、投げ掛けています。

これは、「二・二六事件」等に示された戦争と暗黒政治の推進者たちの黒い実態を見破りつつ、ピエロのはかなさとは逆に鋭く抗議しているように、筆者には見えるのです。暗黒戦時体制への「抗議の絵」として、この時代と柳瀬の、代表作の一つになっているのではないでしょうか？

◆ 柳原極堂指導の俳句 「一茎会」に入会 碧梧桐、反戦軍人水野広徳等と句作に

仮面」（1936年　油彩・キャンパス）

柳瀬は、一九三九年二月に松岡朝子と再婚して、成長した子等と、幸せを求めます。

一方、柳瀬は、吉祥寺の柳原極堂の家で行われていた、愛媛県人の句会「一茎会」に参加しています。極堂は子規を中心とする俳人集団の幹事長的存在でしたが、一九二七年から一茎会を指導していました。

参加者の中には、河東碧梧桐や既に紹介済みの、反戦軍人水野広徳もいました。軍国主義に抵抗する、「反戦軍人とプロレタリア漫画家」が、郷土の代表的文化「俳句」の同人として、どんな語り合いをしたのでしょうか？深く興味をそそられます。

（二〇一一・八・一四）

"真底より凍てつく峠黒き富士" 画家正夢 「俳句道」に真精進

柳瀬信明氏発行の柳瀬正夢（俳号蓼科）句集『山の絵』によれば、柳瀬は、絵と関係の深い詩に、そして多くの俳人を生んでいる松山の出身者として、俳句に関心を持っていた様です。

柳瀬は、昭和一〇年、田端の大龍寺での正岡子規三三回忌の集まりで、阿部里雪と知り合いとなったことが転機で、昭和一六年六月から阿部の紹介で、柳原極堂の「一茎会」に参加して俳句を学びます。

俳人柳瀬の代表作が、『山の絵』でも巻頭に掲げられている〝真底より凍てつく峠黒き富士〟なのです。『山の絵』の序文を担当している小宮豊隆もその大胆な表現を絶賛し「作者の立っている場所の、高さと暗さと寒さとわびしさと爽やかさとが彷彿として浮き上がってくる」とし、「富士を描いた句」の中でも珍重すべき句としています。

「黒き富士」ならぬ「黒き日本」戦争と暗黒社会の抗議を強く感じるのは、恐らく筆者だけではないだろうと思います。画家の描く、いや詠んだ「黒き富士」なのです。

――　『山の絵』八百余首から三首。

春泥に重たき兵の列切れず

城山と湯街のなかの春の墓

アムールの凍てたる底部激流す

以上だけ紹介しますが、二首めが故郷で妻の墓を訪れた句で、三首めは「満州」（中国東北部）を訪れた時の句の様に、正に多様な句集となっています。

弾圧で、形では「転向」を強いられ、妻を失い幼女を二人を抱えて、苦節を生きていく息吹が、そこに流れています。その柳瀬の命を直撃したのは米軍爆撃でした。

◆ 一九四五年五月二五日、新宿空襲で「文化と進歩」の先駆者・柳瀬爆死！

この「柳瀬正夢紹介」の冒頭に書いたように、長野県に疎開させている二人の娘に会うために新宿駅に向かっていた柳瀬は昭和二〇年五月二五日二十三時、米軍機の東京山手大空襲に直撃され、爆死します。

井出孫六著『ねじ釘の如く』

その空襲を、埼玉県朝霞の軍校から見詰めていたのが、東雲小学校の後輩十七歳の私でした。

プロレタリア画家として、「ねじ釘」の如くその部署を守り、近代絵画の先端をも開き、日本共産党にも加わった柳瀬正夢の生涯は、後二月余りで日本軍国主義の敗戦、そして圧政からの国民の解放を迎える直前に終わったのでした。その生涯こそ、「進歩と文化」の先駆的歩みの典型ではないでしょうか。

（二〇一一・九・二二）

2 渡辺満三の足跡を追って

愛媛が生んだ、共産党創立者の一人

(1) ルーツを求め佐川梅太郎に聞く

① 埋もれていた足跡 ——難渋した調査活動——

いつも袴をはいて

「叔父(渡辺満三のこと)は、会合などに出かけるときは、いつも袴をはいて出よりましたなあ」

今年八十才という佐川梅太郎氏は、その時の情景を想起するように、視線を遠くへ投げかけながら語ってくれました。

メモをとっている私には、NHKテレビドラマ「おしん」に登場してくる「主義者」高倉浩太を演じている渡瀬恒彦の白いかすりに袴のさわやかな姿が、イメージとして浮かんでくるのでした。恥かしながら私もテレビ時代の人間です。

梅太郎氏(後に詳述)が叔父を頼って上京したのは、大正一一(一九二二)年秋の頃で、翌一二(一九二三)年の三月頃までの約半年、東京小石川区大塚坂下町の満三の家に同居します。

その渡辺満三が、第一次共産党事件で逮捕されたのが大正一二(一九二三)年の六月五日。九月

一日の東京大震災で「おしん」の田之倉商会が壊滅したその頃、渡辺満三は、市ヶ谷刑務所の中にあって、出動した軍隊と対峙しての「殺気みなぎる」「激震の三日間」（同じ被告として同刑務所に居た、年齢も同じ野坂参三＝共産党名誉議長の『風雪の歩み』第四巻）を体験するのです。まさに満三は「おしん」の時代の人なのです。

その時代に東京で、日本共産党草創の中心人物の一人として活躍した「渡辺満三」という人があって、その人が愛媛県出身であることは、数年前からようやく知っていました。

七六年四月号の「前衛」（共産党理論機関誌）に掲載された松尾洋氏（労働運動史研究家）の「治安維持法の犠牲者たち」の論文や塩田庄兵衛氏代表編集の「社会運動人名辞典」にも、この埋もれた先覚者の名は紹介されていました。

しかし、湯山村（現在、松山市）川中＝河中町の出身者というだけで、その郷土での生いたちや足跡は、私たち愛媛県の共産党関係者にも全く知られていなかったというのが実状でした。

渡辺満三（1892〜1925）

手がかりは小学校

昨年の日本共産党第十六回党大会は「歴史に学び、歴史をつくろう」と呼びかけるとともに『日本共産党の六十年』を党史年表とともに発表しました。その中でも、渡辺満三は党創立当時のおもな党

渡辺満三について書かれた文献

員の一人として掲げられました。

また、昨年末、刊行された、歴史学者犬丸義一氏の『日本共産党の創立』（青木書店）は、創立準備委員会から、創立大会、第二回党大会、そして石神井の臨時党大会と、つまり第一次共産党時代のすべての重要会議と活動の中で渡辺満三が労働者出身の党員としての刮目すべき活動を展開していることを明らかにしてくれました。

こうして、渡辺満三の郷土での生いたちや足跡をあきらかにすることは「歴史に学ぶ」義務をもつ私たちにとって、のがれることができない任務の一つとなってきたのです。

② 渡部万蔵が本名 ──葬儀で夫人が挨拶──

だが、郷土での満三の足跡の調査は、予想以上に困難なものでした。市役所で調べてもらっても、また河中町周辺を何軒もたずね歩いても、なかなかわかりません。たまたま渡辺姓の家にぶつかって、今治あたりまで調査の手をのばしても、全く徒労に終る日がつづきました。難渋した調査の打開の手がかりは、小学校の卒業名簿からひらけてきました。

（一九八三・八・二八）

藤野々小卒名簿に

かねてから、調査協力をお願いしていた松山市立日浦小学校の校長さんから「渡辺満三ではなくて渡部万蔵という人が、明治三四年三月に、日浦小の前身の藤野々尋常小学校を卒業しています」という電話をいただいたとき、私は思わず机をバンと叩きました。

扉は、ようやく開きはじめたのです。調査に御援助をいただいていた近代史文庫のS先生とT先生にも御同行願えるという幸運に恵まれて、早速、松山の中心部から約十五㌔東北の山中にある日浦小学校にかけつけました。

校長さんは、卒業台帳によると、卒業番号七十五号で、明治二五年一月七日生れの渡部万蔵という少年が三四年春に四年制小学校を卒業している事実を教えてくれました。「渡辺満三」は彼の活動上のペンネームだったのです。「渡辺」をいくら探してもわからなかったのも無理ありません。

さらに、その上に校長さんは「いまちょうど、渡部万蔵さんを知っているという人が大阪から河中に帰っておられるようですよ」と教えてくれました。私たちは、その人＝佐川渉さんに会うことができきました。

河中で製造業を営んでいた佐川長五郎氏の子息に当る七十才位の上品な紳士です。「渡部万蔵さんを知っていらっしゃるそうですね」、「私のおじです」。ようやく満三に血のつながった人に会うことができたのです。

渉さんは満三について「東京で労働運動や左翼の運動をやっていて、その道では相当偉かったと聞

いていました。時計会社に勤めていました。（まさに渡辺満三にちがいありません）一度帰松したときには刑事が二人ついて来ました。震災の後亡くなって葬儀を松山で行ったときに、東京風の風采の良い夫人が挨拶に立って『渡辺は立派な運動家でした。私は彼の遺志をついで参ります』という意味の話をしたのを子どもながら覚えています」と話されました。

さらに佐川渉さんの話によると万蔵は三代の女系が続いた河中の旧家の一つ佐川家の「代女」（家の跡とりの女性）のフサ（渉さんの祖母）が生んだ男の子で上に長兄熊太郎、次兄長五郎につづく三番目の男の子（夭折した兄もあるので三男というわけではなく）として佐川家で育ったというのです。

同一人物だろうか

藤野々尋常小学校の跡を訪ねる筆者

渡辺満三は本名が渡部万蔵であり、しかも実際には佐川家の子として育ったというのですから「渡辺」を探し歩いた私たちの調査が難渋したのは当然です。

それでは佐川家で育ちながら、なぜ渡部姓なのか。疑問はつのります。

渉さんは「さあ、それは私にもわかりません。詳しいことは、私の従兄、つまり佐川熊太郎の息子の佐川梅太郎に聞いて下さい。周桑郡におります。彼は叔父（万蔵）の影響で運動にも入っていたようで、私の知らんことも知って

いるでしょう」と教えてくれたのです。

「佐川梅太郎」という名前を聞いて、近代史文庫の先生方からは驚きの声が洩れました。

戦前の大正から昭和初期にかけての愛媛の労働運動、無産者運動に多面的な活動をしてきた人で

『資料　愛媛労働運動史』でも、もっとも多く名前の出て来る人のうちの一人です。

「あの佐川梅太郎さんと同一人物だろうか」「梅太郎さんが満三さんの甥御なのですか」先生方の御声

もはずんでいました。

（一九八三・九・四）

③　満三と梅太郎　浮かび上るルーツ

五十八年前の新聞

戦前の県下の労働運動や水平社運動に名前が広く残っている佐川梅太郎氏が、渡辺満三の甥だとい

う佐川渉さんの証言を聞き、また周桑郡での梅太郎氏の住所を聞いて、ちょっとした興奮状態で、私

たちは紅葉町の近代史文庫に先生方のおともをして寄らしてもらいました。

さっそく『資料　愛媛労働運動史』の各巻をめくって、佐川梅太郎氏関係の記事に目を通します。

それは全部で二十四項目もあることが第九巻の索引でわかりました。一つ一つ斜めよみしてゆくうち

に、私たちの関心にズバリ応えている資料を見付けたのです。

第五巻二七七ページにある【大衆時代、大正一五・四・二一付】の記事がそれです。「労働運動の闘士、

渡辺満三君と脇貞邦君、霊魂静かに眠れるか」という見出しで、次のような本文に続きます。

「メーデーが近づいて思出すのは、本県から出している労働運動の闘士である。温泉郡湯山出身の渡辺満三君は、時計工であったが東京でメーデーの時には、何時も組合旗をもって勇敢に示威運動をしたものである。松山へも一度帰ってその鋼鉄のような身体と意思を見せたものだ。共産党事件に関連して長く鉄窓の下につながれていたが保釈出獄中に病魔のために弊れた。渡辺君の甥に当る佐川梅太郎君は本県労働運動の若い闘士として明星ケ丘で働いている」

こうして、渉さんの話しを裏付ける資料がすでに五十八年前の新聞記事にあったのです。

九川の渡部七人衆

それから数日、私は思いきって周桑郡の梅太郎氏に電話をしました。すでに前掲の渉さんから電話もあったようで私の電話にも快くおうじていただき、近日おたずねすることについても承諾していただきました。

その時の電話での話しで、渡部万蔵がたしかに梅太郎氏（現在八十才）の叔父であること、万蔵叔父は生れたときから佐川の家で育ったこと、そして、なぜ渡部姓なのかは梅太郎氏にもわからないということでした。

どうして、渡部姓なのか、その戸籍はどこにあるのか。それをたしかめないと、満三は松山出身と断言しにくいことになります。

私は、いろいろと考えをめぐらして、生れてすぐ、どこかの渡部家に養子に行った形になっている

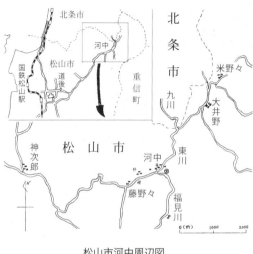

松山市河中周辺図

のではないかとも考えます。

そして、河中の近くで渡部姓の家を探します。するとある知人から河中から約三キロの北条市九川には渡部七人衆という平家の落人の墓もあって、渡部姓が多いということを聞きます。

そうすると松山市でなくて北条市を調べてもらわねばなりません。人を介して問いあわせると、たしかに明治二五年生れの渡部万蔵という人があって九川の出身であることがわかり、その人の戸主の渡部善五郎氏が大正一〇年に松山市旭町の方に移っていることがわかりました。東京青山の無名戦士の墓の記録に渡辺満三を松山市旭町出身としたものがあったのは、そのためだったのです。

そして善五郎氏の弟として「渡部万蔵」が居たことを確認することができたのでした。そして万蔵の父親の名前は、渡部庫次郎という人であることがわかりました。

それは、北条市の飛地ともいえる九川=平家の落人「渡部七人衆」の伝説のある九川の渡部家の

一つこそ万蔵の姓のルーツだったのです。

④ いわくのある叔父　父親は近郷一の力持ち

八十歳の姪御さん

九川の「渡部姓」が、満三の父親の姓であることがわかって、私の調査の手がかりは増えてきました。そして、松山市内に「渡部万蔵」の兄の善五郎氏の子ども（つまり万蔵の甥や姪にあたる人）がいることもわかりました。

姪にあたる渡部トヨさんにお会いすることもできました。今年八十歳になるというトヨさんは、品の良い、しっかりした婦人でした。満三の母方の甥に当る佐川梅太郎氏と同年齢のトヨさんは次のように語ってくれました。

「私の母、つまり叔母から『あなたの家には、ちょっといわくのある叔父さんがおるのよ。東京で時計の方の仕事をしていて、なかなか偉い人らしいよ』と娘時代に教えてもらったことがあります」。まさに満三のことです。

また、満三の父親とされている渡部庫次郎さん（トヨさんからは祖父に当る）については「とにかく、村一番の力持ちだったと聞いています。鎮守の宮の鳥居の石をあげるときに、何人かかっても上らなかったのを、ちょっと体をこわして家で寝ていた庫次郎が、起きていって、もち上げるとグ

（一九八三・九・二一）

サーッと上ったという話しをよく聞かされました。また、近郷一帯で、非常に人気のあった相撲とりで、なかなか男前だったとも聞いています」

そして「渡部家は、平家の落人の渡部七人衆（九川に墓がある）の一つだと聞いています」と、控え目な話しぶりで教えていただきました。

そういう話をうかがいながら、思い出したのは、佐川渉さんの話です。渉さんによれば、佐川家とは、中世の四国一の「名家」土佐中村の一条家（藤原氏の一族で五摂家の一つ、兼良の長子教房は応仁の乱を避けて土佐に土着、土佐一条家を開く――【平凡社・百科事典】の分れで土佐の佐川にあった、佐川一条家が、戦国時代に入って長曾我部に追われて、伊予の各地に落ちてきたもので、上浮穴郡、伊予郡、そしてこの湯山方面に来たものの一つだというのです。渉さんは長い家系図を見せて説明されたのでした。

平家と佐川一条家

そうすると渡辺満三こと渡部万蔵が、渡部庫次郎と佐川フサとの間にできた子とするならば、この日本共産党のルーツの一人は、藤原家の一つ一条家の落人と、平家の落人との合作ということにもなるのです。

この私の話しを聞いた友人の一人は「いかにも、松山らしい、いや日本らしい話じゃなあ」と笑いました。

まさにその通りですが、今年の七月日本共産党の六十一周年に際してのレセプションで宮本顕治議

98

長は共産党は日本では百年前には「毒蛇、猛獣、コレラの類い」と言われ、五十年前にはやっと人間になったが「国賊、非国民」と言われた——と

わが国の反共風土の深かったことを指摘していますが、してその古典的な反共偏見は共産党がいかにも非人間的で非日本的な存在のように印象づけようとしてきました。

ところが実際の共産党員のルーツをたずねるとそこにはいかにも日本人らしい人間くさい、そしてふるさとの匂いが、豊かにただよっているではありませんか。

そのことは日本共産党が、日本の「進歩と革命の伝説」を承けついでつくられたと同時に、そのためにこそ、日本の人民のもつ、民族的、国民的伝統や属性をもまた、その身に深くまとわりつけながら創出され、成長してきたという実在感を証明する一つでもありましょう。

革命家渡辺満三は、こうして、松山の、湯山の九川のふるさとの匂いを豊かに身につけて生れ育ったのです。

（一九八三・九・一八）

満三の父・庫次郎が持ち上げた鎮守の宮の鳥居

⑤　満三を育てた　夢豊かな山峡の村

落人伝説の集中地

渡辺満三のルーツをたずねてゆくなかで、彼が生れ育った松山市河中町を中心に北条市の九川をふくむ奥湯山一帯に多い、さまざまな "落人伝説" にぶつかりました。

平家、佐川一条家、そして近くの高縄山に縁りの多い河野家、さらに河中部落にある両新田神社は新田義貞の子義宗とその従兄の脇屋義助の終焉の地という俗説によるものであるなど、"落人伝説" が集中しているのです。

また愛媛原水協の理事長などもされる堀井順次先生（松山市城北教会の元牧師）の御研究では、この近辺には "かくれキリシタン" の遺物のあるところが何箇所もあるとされています。そしてその一つとして、先にふれた両新田神社の前殿にある松山市指定の天然記念物の「やぶつばき」（県下で最大のものとされており、また新田義宗等に関る俗説によって『新田つばき』とか『おつえつばき』とも呼ばれている）の近くには "かくれキリシタン" の遺物と思われるものがあるともされています。

"キリシタン" を別としても "落人伝説" が集中しているのは、この地域の地理的な位置に大きい関りがあると考えられます。

河中を中心としたこの地は、松山からは「奥湯山」であっても、ここから北にむかえば、玉川町を経て今治に、九川を経て北西にむかえば、北条市の旧立岩村や旧河野村に、そして西にむかえば五明

を経て堀江へ、伊台を経て汐見方面に出れます。
また、河中から東に支流を逆上れば、福見川を経て重信町の山之内、さらに川の郷を経て小野谷に至ります。馬一匹あれば四方、八方に逃げのびてもゆくことができる、まさに山峡の交通要衝地点なのです。

松山メーデー創始者

私の調査は、ずいぶん脇道に入り込みすぎたようです。

満三はこういう土地でどんな風に育ったのでしょうか。私たちは八月のはじめに満三のことをもっとも良く知っているであろうと考えられる佐川梅太郎氏を周桑郡にたずねました。暑さのきびしい日でしたが、訪れた私たちを梅太郎氏は気軽に招じ入れてくれました。

「佐川梅太郎」氏この人について私たちのもっているイメージは『資料　愛媛労働運動史』に載っている少くない資料によって形成されています。

例えば、その五巻二十一頁の、「愛媛新報大正一二年五月二日付」には次のような報道があります。

その前日の五月一日に、松山で本県最初のメーデーを実行しようとした「主催者の市外一万町農（業）佐川梅太郎君（一九）」が「その朝検束された」（警察側の云い分では事前に届出たのとは内容のちがう印刷物が用意されていたためとしている）ため、この本県初のメーデーが流されてしまったという記事なのです。

（一九）は数え年でしょうが一九二三年に松山でメーデーを決行しようとした当時の梅太郎青年は

一九八三年夏のある日の午前、訪れた私たちに「今年八十才になりました」と自己紹介されたのでした。

（一九八三・九・二五）

⑥　肩車とお馬と　小卒後に時計修業

やぶ椿から大杉へ

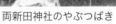

両新田神社のやぶつばき

「なにせ昔のことで、よくわからんことも、忘れてしまったことも多いのですが」と断りながら、梅太郎氏は話し始めてくれました。

「佐川の家は、村では旧家の一つですが不幸な家で三代も代女（男の子がないため、むこをとって家を継ぐ女系家族の女主人）が続いたのです。その三代目の代女、佐川フサが満三の母親です。

私はフサの子の熊太郎のむすこ、つまりフサの孫で佐川家の跡とりです。長五郎と、そして万蔵（満三）は私の叔父です。

満三は、私より十三才年上の叔父ですから小さい時は大きい兄のような関係で育ちました。

佐川の家は、もともと両新田神社の前にありました。（前号で市指定の天然記念物「やぶつばき」のあると紹介したところでしょう

——筆者）それが、火事で丸焼けになってしまったのでその下手の部落では石手川右岸一番下手の大杉のある家（現在はＴ氏の青屋根の邸がある——筆者）に移りました。満三叔父は焼ける前の家で生れたと思います」

「私は大杉のある家で生れ育ちました。満三叔父には肩車をしてもらったりして守りをしてもらったことをかすかに覚えています。また、佐川の家には代々、農耕用の牛以外に馬を一頭必ず飼うことになっておりまして（前号の"落人伝説"を参照されたい——筆者）その馬に万蔵叔父が私をよく一緒にのせてくれたものでした」

「藤野々の小学校は、現在の円福寺の川向いにあった高福寺にあったのだと思います。満三叔父は学校ではよくできたようです。小学校を卒業したあと、たしか石井村の天山の方で時計の修業をしたのではないでしょうか。そのようにどこかで聞いたことがあります。時計の修業をしたあと十五、六才のとき（明治四一〜四二年頃か——筆者）上京したのであろうと思います」

河中の女傑

このあと、梅太郎氏の思い出は十数年間飛びます。つまりすでに労働運動、革命運動の最中にあった満三の一時帰松（大正一一年頃か）のこと、さらに満三叔父をたよって上京し、約半年同居した頃に飛ぶのですが、それは後にゆずります。

私は、満三を育てた母親フサのことについてたずねました。

「フサはなかなかしっかりした女でした。当時の佐川家は、田が一町くらいで、まだ反収の少いこ

ろでたしか三十俵位のとり高だったと思います。畠も同じ位で、山はわりと多くあわせて三〜四十町もあったのでしょうか。その一部があとで保安林に買い上げられたはずです。

満三のおいに当たる佐川梅太郎さんは周桑郡の自宅で満三の思い出を語り始めた

そういう家ですが、後家を通したフサは、熊太郎に本宅をまかして、長五郎叔父をつれて街道筋へ出て塩、酒、たばこ、文具などを扱う店もやっていました。

まあなかなかの「女傑」だったようで、村中のもめごともフサが話しの中に入ると解決したそうで『おフサさんが出たぞ』と言えば決着の始まりだったそうです。

村の年寄りからも『おフサさんがキセルを抜いて一ぷくつけたら終りやった』とか『おフサさんが間に入ったら話しをつけんといかんかった』とか聞いたこともあります」

（一九八三・二〇・二）

(2) 時計工として上京、労働運動に

⑦ 数え年十六歳の春に　学に志して出郷

天山の時計屋とは

藤野々尋常小学校を満三が明治三四年三月卒業した後、石井の天山の方で時計の見習いをしたらしいという梅太郎さんのお話しをたよりに、天山方面に詳しい人々に、当時時計屋か時計工場があったかをたずねまわりました。

ある人から、現在市内銀天街湊町四丁目の松田時計店の創始者が、天山町の出身なので調べて見たらという話しがよせられました。思いきって松山市内の時計店の老舗である松田時計店をたずね、社長に事情を話しました。すると現社長の祖父に当られる創始者の通孝さんはたしかに天山町の出身であること、は確かめられましたが、天山で時計の仕事をしていたかどうかは、わからないとのことでした。

ただし通孝さんが、日清と日露の二つの戦役に応召したことと、「戦争から帰ってから時計を習いはじめ」「戦争のあと湊町に店を開いた」ということを現社長が父上などから聞いておられるということでした。そうすると明治二八年の日清戦争終了後から時計業に父に入られ、明治三八年の日露戦争終戦の後、開店されたというように考えるのが妥当ではなかろうか。それならば明治三四年三月卒の少年満三が、通孝さんに教えてもらうことも時期的には可能ということにはなりますが、それは可能性があるというだけのことでありましょう。

とにかく、この頃から満三の足跡は私の調査活動にとって、全く不明、未踏の中間の部分に入ってしまうのです。

昔風にいって十才から松山で時計修業に入った満三が、上京をしたのは、数え年で十六才といいますから満年令で十五才、明治四〇年（一九〇七年、この年六月別子銅山で大争議）頃のことであったのであろうと考えられることだけが、記録の上でほぼ確かな位です。

大阪、東京で苦学？

その記録というのは、早稲田大学建設者同盟機関紙（註）「青年運動」第四巻第五号（一九二五年六月）に掲載されている渡辺満三の訃報です。その冒頭の文章は次のようになっています。

『満さん』の名で知られてゐた、時計工の渡辺満三君は死んだ。吾が階級戦に永い間骨身惜しまず健闘した君は、遂に斃れた。君は明治二十四年愛媛県温泉郡湯山村字川中に生れ、十六の春、君は学に志ざして郷関を出でた。大阪、東京に於ける苦学生活の後十八才の秋君は時計工場の労働者となっ

た。君が波瀾極りなき無産階級運動者としての歴史は、ここにその第一頁を始める」

満三が、松山で、どのように少年時代を送り、その中で、なぜ、「学に志ざした」のか、それはどのような「学」であったのか。大阪でも「苦学生活」をしたというのはどのようなものか。（この点について佐川梅太郎氏は、「大阪には行かず直接東京へ行ったと思います」と、大阪での苦学を否定しています）東京ではどこでどのような苦学をしたのか、残念ながら全くわかっていないのです。

満三の足跡を追って痛感することは、わが国の伝統的な「反共風土」の深さです。共産主義者が親戚にいたことをできるだけかくさねばならなかった事情が、関係者の歩みを語りつげない事情となり、私達の追跡調査の前に「わからない」という形で立ちふさがるのです。

従って、私のレポートは次号から満三が東京での労働運動、そして階級的な思想運動に残した活動の足どりにいきなり飛んでゆくこととなります。

（一九八三・一〇・九）

（註）「建設者同盟」は早稲田の学生団体の一つで主幹は早大生の和田巌。会員には三宅正一、平野力三、浅沼稲次郎などのちの社会党幹部で農民運動家が多い。共産党の創立に参画した佐野学（当時早稲田教授——後に転向）などが講師をつとめた。

⑧　時計工の指導者として　労働運動に彗星の如く

ナプポルツ工場

数え年十六才で松山を出た渡辺満三は「苦学生活の後十八才の秋」に時計工場＝東京巣鴨のナプポルツ商会時計工場の労働者となります。

それから十二年後、ナプポルツ時計工労働者の争議は、その激烈な闘争状況と、労働者の戦闘的な団結の高さで、社会的注目を浴びます。

その中心的な指導者の代表が、実に渡辺満三であったのです。「渡辺満三」の名は労働運動のなかに、まさに彗星のように現れてきたのでした。

大正九（一九二〇）年末から始まって翌一〇（一九二一）年三月下旬までたたかわれたこの工場の闘争は、対資本家との闘いからむしろ「治安警察法」という労働者敵視の悪法を背景とする官憲との激烈な闘いとなります。そして二百数十名の従業員のうち四十数名（六十名余という記録もある）が逮捕されるという状況のなかで労働者側の基本的勝利によって終結するのです。

私のレポートは、当然この争議の模様から入らねばなりませんが、その調査についてはなんといっても大正時代の東京のことという、時間的な面と地の利の両面で不利な状況におかれていました。

ところが前述した労働運動史研究家の松尾先生が、私の拙稿を読まれて、大変な援助の手を差しのべていただきました。

東京で、現在、可能なかぎりの資料を集めて、この程送っていただいたのです。これを有難く活用させていただき話しをすすめます。

満三の組合紹介

東京の時計工が労働組合をつくりはじめたのは、大正八（一九一九）年頃からのようです。後に満三が日本共産党の初代の労働組合部長となった頃、地下の共産党が労働者向けに発行した「労働新聞」（『日本共産党の六十年』二十八頁に二二年一〇月［発行］とあります）の第五号三面に、満三自身が「時計工組合、陣容を新たにする」という標題で「時計工組合、渡辺満三」の署名で投稿した当時としては平易な紹介文がありますが、それは次のように始まっています。

「時計工が資本家に対抗するため、組織運動をおこしたのは、大正八年に生れた（時計工）労働同盟会が初まりであった。この同盟会は精工舎時計工中村、小池、芝山、石川等の諸君が中心となり、同工場員が主な組合員であったが、後、同盟罷工に破れ解体した。その後同年にナプポルツ時計工場員二百五十名ばかりが時計労働同盟会を組織したが、之れも罷工事件で内紛の為め解体した。」

（一九八三・一〇・一六）

⑨　貴重な〝失敗〟から　学んで組合再建へ

内紛で解体

満三が労働新聞第五号（大正一一年一二月二〇日付）に書いた時計工組合の紹介は、ナプポルツ時計工場に大正八年にできた組合が「罷工事件で内紛の為め解体した」としたあと、さらに次のように書いています。

「その次に同じくナプポルツ工場で生れたのが現存の時計工組合で大正九年五月二九日に創立した。一〇年三月には猛烈な罷工事件が起った。」

これが、満三が中心活動家となって奮闘した組合です。その紹介に移る前に、大正八年にできた組合のてん末と、再組織に至るまでになにがあったのか。そしてその当時の労働組合がおかれた歴史的背景についても、ここで簡単にふれておく必要があるでしょう。それが「渡辺満三」を労働運動の戦士に育ててゆく環境だからです。

ここに一つの資料があります。大正一〇（一九二一）年四月三日『労働運動』第八号七面に載せられた「団体紹介」です。

『労働運動』は、大杉栄を主幹に発刊された新聞で、五次にわたっていますが、これは第二次の時代で、編集同人は大杉のほか近藤憲二、和田久太郎等のアナキストと当時コムニストであった近藤栄蔵、高津正道が参加しており、大杉栄がコムニストと共同戦線をとった（一九一七年のロシヤ社会主義改革の影響で）時期の新聞です。

その「団体紹介」では、大正八（一九一九）年八月にナプポルツ時計工場職工二百八十名（全部）

は一致団結して賃金六割値上げを要求し同時に「この団結の永続を望んで」「時計労働同盟会」と名づけ、「微温なる労働組合として形式を備わるに至った」としています。

そして三割の増給で、要求は解決したが「階級意識に眼覚めていない」労働者の団結は、幾分の要求が容れられる中で衰退して「またたく間に崩壊してしまった」のです。

「土曜会」で研究

満三が書いた論文（「潮流」大正13年5月号）

「その後は、ただ六、七名の主動的残員が月四回会合し、『土曜会』と名づけて」労働条件の改善法を研究していたそうです。この「土曜会」の一人が渡辺満三であったことはまちがいないところです。

その土曜会にかつて精工舎争議の中心人物であり、当時は尚工舎の時計工であった小池宗四郎が出席するようになって「会員の思想傾向がハッキリと階級闘争的になってきた」のです。

小池は精工舎争議（大正八年）の失敗の経験と一種の社会主義者（黒瀬春吉とされているが不詳）との接触からやや急進的な思想を抱いてナップ時計工たちの「土曜会」に影響を与えていったようです。

小池と「土曜会」の努力が「実を結んだ」のが前記のように大正九（一九二〇）年五月二九日で、ナプポルツ時計工場職工二百五十名は、「大塚倶楽部」に於て「時計工組合」発会式を挙げ、「自由なる委員制を設けた」のでした。

この組合再結成の中心的活動家の一人に階級的立場に目覚めた渡辺満三がいたのです。

（一九八三・一〇・二三）

⑩　北郊自主会から社会主義同盟の発起人に

北風会と労研会

ナプポルツ工場に時計工組合ができた頃、「主動者」（主な活動家を当時はこう呼んだらしいのです）の中の渡辺満三、小出邦延などが、前記小池宗四郎の紹介で「北風会」や「労働組合研究会」に顔を見せるようになったのです。

「北風会」とは小石川指ケ谷町の渡辺政太郎（一八七三─一九一八、明治三〇年代からの社会主義者でアナーキストからは慈父としてしたわれた）方にあった「研究会」と上野で大杉栄、和田久太郎らがやっていた「労働問題座談会」とが合併、渡辺の号をとって「北風会」と名付け、研究会をつづけたもので、人脈からも分る通り、アナルコ・サンジカリズム系のものです。

また「労働組合研究会」は、この頃、荒畑寒村が山川均と共に、明治時代の横浜の社会主義団体「曙

会」の会員で当時有楽町の洋服屋服部兵次の家を借りてひらいた当時のコムニスト系の研究会で、労組活動家や帝大新人会、早稲田の学生団体からも出席者が多かったそうです。（以上、松尾先生による）

このような学習と研究の中で渡辺満三たちは組合設立後一時中断していた「土曜会」を復活させ、さらに、工場のあった巣鴨附近に住む北風会員の協力を得て、大正九（一九二〇）年九月一五日「北郊自主会」なるものを組織したのでした。巣鴨、大塚あたりは、当時は東京の北の郊外とも言えたので、「北郊」と冠したのでしょう。この「北郊自主会」は、先の「土曜会」の後身であると同時に、また「北風会」の分身でもあったとされていますが、あるいは「労働組合研究会」の分会という面もあったのではないでしょうか。

男女の猛者揃い

巣鴨宮下町にあった「北郊自主会」には、毎月二回、東京の北郊地方の同志が集まり、自由な座談会形式の研究会をもちました。会員は男二四名、女八名で、研究会は男女別に行なわれました。婦人の多くは会員の「妻君」や妹などで、一家全部が家を空ける事の不便や、子供の世話などの関係からだそうです。

男女ともに「猛者ぞろい」という表現もあり、まず女子部には堺真柄（堺利彦の娘）や久津見房子（戦前の代表的な婦人運動家・ゾルゲ事件でも検挙される）なども参加しており、満三が最愛の人を得るのもこの会でした。男子部には無政府主義者とボルシェビィキがともに参加していて「議論が熾

んだ」ったのです。

主な会員は満三や前記の小池宗四郎のほか、橋浦時雄、吉川守国など後に共産党創立に働いた人々もいたのです。九月に「北郊自主会」が設立された頃に前後して、渡辺満三は時計工連合会を代表し、日本社会主義同盟（『日本共産党の六十年』二二頁）の創立発起人（はじめ二十五人のちに三十人）の一人として名をつらねたのでした。

「北郊自主会」が、時計工組合の運動と、革命家、渡辺満三の思想的基礎を育てた主な場所であったことはまちがいないところでしょう。

この土台の上でナプポルツの酷烈な大争議が近づいてきます。

（一九八三・一〇・三〇）

⑪　全時計工の団結を　発揮された満三の指導性

「仕事よこせ」

時計工労働者の歴史的な大闘争としてのナプポルツの争議は大正九（一九二〇）年の暮れ頃から始まります。前掲の「労働運動」の第四号（大正一〇年二月二〇日付）等によれば、それは次のような経過をたどります。

年末に、輸入材料の途絶のため仕事の不足を来した請負制度の組立工七十余名が「仕事を充分に出すか、以前六ヶ月分の平均額の支給」の要求を提出します。ところが約一ヶ月間も工場側は全く回答

をしません。

たまりかねた労働者が一月二九日、即答を迫ったところ直に拒絶されたので「一同憤然として」仕事を放棄して、労働歌を高唱し、示威運動を行った後「同盟辞職」を決め、解雇手当を要求します。

あわてた工場側は、直ちに前言を取消して要求を入れ、労働者側の勝利がかちとられたようでした。

ところが、二月一二日、工場側は先の約束を破棄し「現状に不服な者は随意退社すべし」と言い渡します。

労働者は直に反撃に立ち、翌一三日は組立工がストライキで抗議します。さらに、一四日には全工場各部の二百七十余名の全員が「同情罷業」に立上り、「工場の共同管理案」を最後の要求として提出するに至ります。

翌一五日、「もし、容れられなければ、断然起って工場占領を行う決意」を示したところ、工場側は「労働者側の団結に対して、全く為す所を知らず」遂に屈服して、最初の要求通りに解決したのでした。

以上が、この争議の前半戦の経過です。この勝利は、同時に展開されていた、宝商会目黒時計工場従業員のストライキの応援にも有利に作用して、これをも勝利させ、同工場の従業員三十名を組合員に獲得して、二月一七日には、大塚クラブにおいて時計工組合の大会を開き、その名称も「時計工連合会」と改める（「労働運動」第八号 団体紹介の記事）というように、闘いは大いに昂揚しました。

労働者戦士造り

このような時計工労働者の闘争と昂揚は、不景気の進行という客観的状況にもとづくものではあり

ますが、単に自然発生的なものではありません。三年前のロシア社会主義革命の勝利の影響をうけた労働運動全体の昂揚とその中で育って来た自覚的労働者の意識的な努力があるのです。その中心の一人に渡辺満三が居たのです。ここに、争議の開始のころの一月二九日付「労働運動」第一号の六面に、渡辺満三が「本年度の計画・希望及び予想」と題して寄せたと小文があります。

「不景気風が、もっともっと吹き荒れはしまいか、果してそうだとすると、そこに痛切に迫っている（ことは）人員の淘汰や工場閉鎖が続出することだ（中略）従って争議は悪化の性質を帯びてくる。労働運動は深酷な刺激をうける（中略）こうした予想のもとに何を為すべきかを考えると、先ず何よりも広い労働運動としての戦士――理想に突進する戦士を造ることに在らねばならない。

しかし、また組合自身としての発達を期する上に於て、今東京全市の時計工、計器工三千五百名の

満三による争議報告（1921年5月）

団体運動を起す」

この小文は、満三の文章として残っているものでは最初のものですが「理想に突進する戦士」をつくることをめざしながら、労働組合の広い「発達」と「団体運動」に意欲的にとりくんだ彼の生涯を象徴するものとなっています。

同時にこの争議における彼の指導性を証明しています。

そしてナップルツの争議は前半戦の勝利の約二〇日後、三月九日、工場側が、多数の警官の動員のもとで組合幹部十四名の解雇を通告することによって、そして労働者の憤

怒に燃えた抵抗によって「血戦」の様相を示してくるのです。

⑫ 検束六十名の暴圧　されど団結崩れず

三度労働者に挑戦

二月一五日、労働者の勝利によって解決したように見えた、ナプポルツ時計工場の資本家側が、三度、労働者への挑戦を企てたのは十数日後の三月九日でした。

この日、会社側は、事務所と工場に多数の警官を導入し、物々しい警戒の中で、「突如、時計工組合の幹部十四名に対する解雇の宣告が行われた」（労働運動第八号）のです。「激怒の声は忽ち工場内に満ち」労働者の抗議活動が展開されますが、それも「かねて待ち設けた警察によって、直に蹂躙せしめられ、一名はその場から検束」されます。

労働者は結束して、十一名の交渉委員を選び、復職要求のため、翌一〇日会社に出勤しますが、多数の警官が、工場内に駐屯して、これを阻止し、門前には「本日休業、警官の外、出入を禁ず」との掲示が出されていました。

止むなく引返した交渉委員は、工場側の中島支配人の自宅に赴こうとして目白方面に向います。ところが、巣鴨監獄附近にさしかかったところ監獄横手から一隊の警官隊が襲いかかります。会旗（組合旗）は奪われ、数名が、撲り倒され、靴でけられ、全身に負傷を負わせられた上で、検束されます。

一方、交渉の結果を待って集合していた労働者に対しても、警官は襲いかかり、会場を土足で蹂りんした上で、二十数名が結束されます。

一一日、ようやく巣鴨署の管轄外に集合して、警察の暴圧を免れた九名の委員が、警官立会のもとに会社側と会見することとなります。縫帯に顔を埋める者も少なくない労働者代表に対して、支配人代理は「要求拒絶」を冷く通告するだけでした。

翌々日の一三日に会見は再び行われ、応援の労働組合同盟会の代表の交渉も行われますが、全て拒否回答でした。

疲れたのは警察

だが会社側というより警察が前面に立っての暴圧も、労働者の団結をくじくことはできませんでした。一五日には音羽の護国寺に五百名の労働者が結集し、時計工連合会の会旗を先頭に立て労働歌を唱いながら、会社に向います。

途々参加者を増して工場に近づいた頃には、約千名に達していました。しかし、工場には経営管理者は一人も無く、ただ多数の警官が占拠しているだけでした。そして忽ち「解散！」の命令が下されます。

労働者は「支配人の家へ行こう」と行列の方向を転じますが、またもや、巣鴨監獄の門前で警官隊の大部隊の突撃をうけ、会旗をめぐっての大争奪戦が展開され、また数名が検束されます。

その間に、交渉委員だけが中島支配人宅に到着しますが、ここも警官の陣営となっており、応対に

⑬

争議の教訓土台に　前衛党の創建へ

東京・日本橋を進む普通選挙要求デモ（1920年）

出た書生まで巣鴨署の巡査でした。追いついて来たデモ隊にも警官隊が襲いかかり、けが人と検束者がでます。

労働者の団結権が全く認められていないこの時代でも、まさに「警察対労働者」の闘いとして特色のあるナポルツの争議は、このように、六十名余の検束者を出しながら、激しく展開されたのです。

翌一六日に、会社側は、警察の暴力を背景にして全職工に出勤命令の通知を出しますが半数以上の労働者がこれを拒否し、闘いは持続されます。

この持久戦に疲れたのは、工場側というより警察側でした。署長が、労働者が信頼している布施辰治弁護士に収拾を依頼するのです。

そして、三月二五日、闘いは、労働者側の基本的勝利で終りを告げます。

この壮烈な闘争の指導と団結の中心的役割をになったのが渡辺満三だったのです。

（一九八三・二・二三）

深い痛手の「戦勝」

壮絶なナポルツ争議は、巣鴨署長が布施辰治弁護士に調停を依頼することによって急転直下、解決に向います。解雇宣告は撤回され、任意退職者には「相当の退職手当」が支出されます。この時、発表された「争議終結報告」は次のような文章で結ばれています。

「我等の要求は貫徹し、争議は終結をつげた。我等の運動の終局の目的は、無産階級の解放にある。この目的の前に当っては、今回の争議の如きは一つの歩哨戦にすぎない。しかしながら如何に微細なる闘争にしろ我等は常に勝つべく戦わねばならぬ。そして確実に前進しなければならない。ここに我等の戦勝を報じ、且つ同胞たる労働者階級諸君の熱烈なる後援に感謝の意を表する。

　大正十年三月廿五日

　　　　　　　　　時計工連合会」

この報告は、渡辺満三がつくった可能性が高いと考えられますが、その当時の労働運動の活動家たちの思想水準を示した簡潔な名文といえましょう。

しかし、この報告は「我等の戦勝を報じ」ていますが、多くの労働者が「任意退職」の名で職場を追われたことも事実で、のちに満三が、創立直後の共産党が発刊に積極的に関った「労働新聞」の大正一一年一二月二〇日付第五号三面に「時計工組合、陣容を新たにする」と題して署名入りで書いている文章では「十年三月には（ナプルツの）猛烈な罷工事件が起った。その為め組合は深い痛手を受けたが」と表現しています。

自宅に組合本部

この頃から、時計工組合の本部は、小石川大塚坂下町一四八の渡辺満三の自宅におかれたようです。

そして、佐川梅太郎さんの記憶によれば、農家の納屋風の別棟があって、そこでは十数人の時計工が働いていたといいますから、多分、「任意退職」した労働者たちが下請けの仕事を労働組合の管理でやっていたのでしょう。梅太郎さんの記憶でも「たしか〝二十人分の食事をつくらないといけない〟

満三が住んでいた大塚坂下町（筆者写す）

と渡辺夫人（木村幸さん）から聞いたことがある」ということです。

また一〇月中旬筆者が上京した際に松尾洋先生からいただいたテープには、幸夫人の妹さんの島谷ゑいさん（東京都目黒区在住）が記憶として「坂下町の家には、よく人が集まってきて、七輪にいくつも火をおこして、会合をしていたのを見ました」と語っておられます。

この頃、渡辺満三は、日本社会主義同盟の二十八人の執行委員の一人として宣伝委員をひきうけて、広い社会活動に入っています。

また同じく大正一〇年の三、四月頃にひらかれた日本共産党結成準備委員会にも、北郊自主会の盟友である橋浦時

雄が参加しており、満三もその活動に参加していたという説もありますように、満三は、「治安警察法」の下での労働運動への国家権力の暴圧を身をもって体験する中で、当時、彼をもふくめて労働運動家に大きい影響をもっていたアナルコ・サンジカリズム的傾向から大きく脱却して、労働者階級の前衛党の創建に大きく関ってゆきます。

この報告の最初に紹介したように「袴をはいて」再三外出し、忙しく会合をとびまわった満三の充実した活動が坂下町を根じろに展開されたのでしょう。

（一九八三・二・二〇）

⑭　党創立大会の八名の出席者の一人

サンジカリズム

ナプポルツの時計工の争議は、官憲とのはげしい闘いを特徴とするものであったことは前三号の報告でおわかりいただけるところでしょう。それは一九二〇年から二二年にかけての日本の労働組合運動に大きい影響をもっていたアナルコ・サンジカリズムの具体的な姿を示してもいます。それではサンジカリズムとは何か。この点について、犬丸義一氏の『日本共産党の創立』（青木書店）は次のように指摘しています。

「二〇─二二年の戦後恐慌期の労働者の闘争は、やっとつくりあげた労働組合を中心に頑強にたたかったが、階級的に結集しつつあった資本家階級の経済力と政府・国家権力の暴力的弾圧の前に、部

分的な前進はみたものの全体としては後退せざるをえなかった。このような官憲の弾圧と反動攻勢に対して、組合はその基礎がまだ薄弱であったから悪戦苦闘をよぎなくされ、労働者は深刻な不安にさらされた。また、資本家階級が労働者の自主的な運動を容認せず、労働者の団結権を認めないという状態は、労働組合主義存立の余地をとぼしくし、直接行動主義、アナルコ・サンジカリズムが浸透しやすかった」

「アナルコ・サンジカリズムは政治闘争および国家権力を否定するアナーキズム（無政府主義）の立場から、サンジカ＝労働組合を唯一の階級的組織とみ、その破壊活動やゼネストなどの「直接行動」で政府をたおし、生産の管理権を組合の手ににぎり、無政府・共産主義の理想社会をいっきょに実現しようとする、いっけん英雄的な、その実きわめてロマンチックな思想であった」

橋浦時雄の影響

そうして、このようなアナルコ・サンジカリズムの影響のもとで二一、二二年の労働争議は激烈をきわめます。だが「資本攻勢の強大ななかで組合側は、労働者の生活苦の増大、運動の困難の状況を目前にして二つの課題に直面していた」（前記『日本共産党の創立』）のです。それは「ひとつは（中略）労働者の全国的結集、労働組合の組織的統一の問題であり、他のひとつは組合運動における方針自体の問題であった」わけで「この二つの課題の解決をめぐってアナーキズムに対しボルシェヴィズムが登場して、アナ・ボルの対立が激化してゆく」のでした。

ナプポルツの闘争の中心的指導者として当時の労働組合運動の直面する課題を体験しただけに、満

三はアナルコ・サンジカリズムの限界を感得することがより可能であったでろうし、「社会主義同盟」の宣伝委員としての幅広い活動、さらに「北郊自主会」での討論と学習を経て、急速にボルシェヴィズムに近付いていったのではないでしょうか。

特に「北郊自主会」の中心的存在だった橋浦時雄が、二一年四月の日本共産党結成準備委員会に参加していることから、満三は党の創設に早くから関っていたと考えられます。

さらに、大正一〇（一九二一）年五月二八日に治安警察法によって「社会主義同盟」が解散を命じられます。これは当時の活動家に合法的活動の限界と地下活動の必要性を痛感させ、コミンテルンの片山潜などの働きかけもあって日本共産党の創立に向わせてゆきます。

共産党創立大会の開催地付近

そして、大正一一（一九二二）年七月、日本共産党の設立大会が、渋谷伊達町の一民家の一室でおこなわれます。

その出席者は八名、堺利彦、山川均、近藤栄蔵、吉川守圀、橋浦時雄、浦田武雄、高瀬清、そして渡辺満三であったことと確認できると前記『日本共産党の創立』ではされています。

（一九八三・一二七）

(3) 日本共産党創立大会に参加

⑮ 党労組部長として大衆的政治闘争に

「労働新聞」発刊

ここで読者に申し上げておかねばならないことがあります。それはこの拙稿は都合で今回をふくめてあと六回で、つまり今年中に一応の結末をつけることとします。最近になって渡辺満三の足跡で調査がすすんだ問題もあり、また周辺の問題についても、ぜひ言及したいこともありますが、それには、また別の機会を得たいと考えています。

そこで、これから共産党員、渡辺満三の歩みに入りますが、当然、党や革命運動の関連する展開についても述べねばならないのですが、その点は、できるだけ簡単にして、すすませていただきます。

党の創立大会は「暫定規約を採択し、党の中央執行委員（七名）を選出し、全員一致でコミンテルンへ加盟を決議し」「堺利彦が最初の委員長」（『日本共産党の六十年』）となります。そして「党の創

立当時から第一弾圧までの時期の党員は「百人以上」（六十年）でした。

渡辺満三は創立された党中央の中で、労働組合部を担当して、最初の部長をつとめたようです。そ
れは、犬丸氏の『日本共産党の創立』の中で、杉浦啓一の第一次共産党弾圧事件の予審訊問調書の陳
述でうらづけられているとされています。ただし、最初は労働組合部といわず「産業部」とか「京浜
部」とよばれたようで、部員は満三のほかに、杉浦啓一（第二回市川大会後の部長）と田所輝明だっ
たようです。

労働組合部は、党が労働者向けに二二年の一〇月から発刊した「労働新聞」の編集にも関って活動
します。すでにふれたように満三の文章も少からず掲載されています。

三悪法反対の先頭

創立直後の党は、山川均の「無産階級の方向転換」などに示されているように「大衆の中へ」をス
ローガンに、労働運動などに積極的に入ってゆくとともに、従来の政治闘争を否定しがちな傾向をあ
らためて「政治闘争へ」とサンジカリズム的傾向の克服、大衆化、政治闘争への努力を強めてゆきま
す。

同時に労働組合運動の中には、各流派の流れを一つにまとめようとする「総連合運動」がおこって
きます。これにも党と満三はとりくんでゆきます。

また、加藤友三郎内閣が、高まる労働・社会運動に対して用意してきた、過激社会運動取締法案、
および労働組合法案、小作争議調停法案の三悪法に反対する運動を、積極的に組織してゆきます。「こ

れは、(党の指導の下で)日本の労働者階級が展開した最初の本格的政治闘争」(『日本共産党の創立』)だったのです。

この闘争に、渡辺満三が、先頭に立って活動したことはいろんな資料から推定されます。

共産党の機関紙「労働新聞」は二二年一一月一五日付の第二号で過激法案再提出の危険を警告します。そして一二月二二日の「労働週報社」主催の「雑談会」で大討論になり、さらに、大晦日から二三年元旦にかけての討論会には、総同盟、造機船工労組、時計工組合等の活動家八十余人が集まり、大討議、さらに五日に五十人、一二日には反対決議をもちよって百三十人、そして一月二二日の各団体代表者会議にと急速に盛り上ってゆきます。

この政治闘争のために労働組合の統一行動が成立するかどうか、きわめて注目されるところでした。この新しい前進のために、その直前の「総連合運動」の教訓から学んでの満三等の懸命の努力が展開されたのです。

（一九八三・一二・四）

⑯ 統一戦線のめざめ　総連合の教訓活かし

野坂参三の提唱で

「総連合運動」とは、野坂参三『風雪のあゆみ』四巻によれば、イギリス留学中の同氏が一九二〇年八月にひらかれた総同盟友愛会の八周年大会に宛てた三議案の提案の第一の「全国労働組合大会促

進委員会設立の件」に端を発しているようです。

これが総同盟大会でうけいれられ、二二年の四月頃から準備がすすめられ、総同盟加盟組合とアナーキスト系の労働組合同盟加盟組合の代表などで「相談会」がすすめられていきます。その中で結成すべき組織のあり方について、「中央集権論」をとる共産主義的傾向の強い労働者「ボル」派と、観念的に加盟組合の自由だけを絶対化して「自由連合」論を主張する「アナ」派との激しい対立・論争が展開されてゆきます。

それは、九月三〇日、大阪天王寺公会堂での創立大会にまで、もちこまれてゆき、創立大会が即決裂大会となってゆきます。この間の事情と経過は『風雪のあゆみ』四巻が詳しいのですが、この大会は、日本における統一戦線への努力の最初の試みとも言えるもので、労働組合活動家だけでなく、党を創立し、「方向転換論」で大衆活動にのり出してきた堺、山川等の当時の共産党の中心幹部も参加し、一方、大杉栄や、近藤憲二等のアナーキスト幹部も陣取り、レポで大会を指導します。

だが、大会は、両派の対立と、官憲の干渉によって決裂してしまいます。この点について野坂参三は「対立して争った双方とも、自説を固執していて譲りそうに見えなかった」『統一戦線』の大義は、どこかに吹き飛んで」ゆき「残念でならなかった」としています。

満三の統一行動論

ここで注目されるのは、この大会に参加した渡辺満三の立場ですが、この点について、犬丸義一氏は『日本共産党の創立』で「労働新聞」創刊号（二二年一一月発刊）の「総連合問題批判」の特集で、

第２回党大会開催地千葉県市川市の一直園

時計工組合渡辺満三として投稿された文章にふれて次のように指摘しています。

「日本共産党員で労働者党員の長老的存在だった渡辺満三は、『準備が出来ていなかった』と題して分裂の原因を『双方の交渉と準備が不充分であった』ことに求め、『対外的示威とか共同宣言ぐらいが、今日の場合は関の山で、誠に不満足ではあるが、併しそれでも無いより有るが益しだから、双方の互譲によって兎も角にも総連合を成立させようと務めたのだが、而るに遠慮して蔵って置くべき思想上の非妥協が論争の中心となって僕等の努力と期待は裏切られた』と卒直な現実直視の統一行動論を展開していて注目される。」

一方では、「アナ・ポル天下分け目の大合戦といわれた『全国労働組合総連合』大会に、自由連合派代議員として出席し検束された」(萩原晋太郎『町工場から』マルジュ社)という紹介のされ方もあり、そのあゆみにおいてアナルコ・サンジカリズムの影響を否定し難い満三の、労働新聞の一文は、彼自身の画期的な成長と前進を明確に示すものと言えましょう。

しかしこの総連合運動は決して無駄ではなく、「そこから、必ず統一戦線の芽は吹き出す」と考え二三年二月にはその「統一戦線の芽」が『三悪法反対闘争』に燃え上ってゆき、そこで「総連合」の痛い教訓が活かされてゆくのです。その闘争で、満三が各労働組合の統一闘争の前進に「教訓」を活

かして大奮闘を展開したのです。

そして二三年二月四日の日本共産党市川大会で満三は十名の執行委員（中央委員）の一人に選ばれ、労働組合部長を杉浦啓一にゆずりますがその部員は、渡辺政之輔、渡辺満三、野坂参三の三名という構成となり、その組合部が、この大衆的政治闘争を指導していったのです。　　（一九八三・一二・一）

⑰　石神井会議で奮闘　議論と準備の両面で

豊島館の借受人

二三年二月四日の第二回市川大会で執行委員の一人となった満三は、労組部で野坂参三等と活動するとともに、綱領起草委員六名の一人にも選ばれます。

そして綱領の討議のために第二回大会のパートⅡとも言うべき、石神井会議が三月一五日に開催されます。

共産党の党史関係文献に必ず写真が出て来るこのときの会場、豊島館は、実は、起草委員の一人であった渡辺満三の設営したものなのです。満三が三月一二日に北豊島郡石神井村一三〇九番地の料理店豊島館へ行き、山本満と名のって会社創立のためと偽り座敷の借受けを約束し、三月一五日に同所で会を開くのです。

党綱領の策定という点で歴史的な意義をもち、また、第一次共産党弾圧の対象となった会合という

点でも重大な位置づけのあるこの大会で、満三は論議に参加しながら、大会事務局的役割りを果しました。

野坂参三が党の大会に参加したのはこれが最初で、市川義雄の連絡で、朝早く大森の家を出た野坂が武蔵野鉄道の石神井駅に降り六、七百メートル行って公園入口で「ピケ」に立っていた人の指示で池の畔を少し行ったところで大阪の弁護士の小岩井浄（後に愛媛二区で第一回普選で労農党から立候補）にばったりと出合うが、黙礼するだけで言葉を交さずに会場に向います。

二人が前後して「豊島館の玄関にはいると、時計工組合の渡辺満三がいて、手際よく二階の奥の部屋に案内してくれた」（『風雪のあゆみ』四巻）のでした。

十畳ほどの部屋が二室つづいた部屋に午前十一時すぎに二十数人（『日本共産党の創立』では二十三名としている）が集まり、表向きは肥料会社の株主総会ということで、早目の昼食です。「料理屋へ来て丼物をとるとは、とんだお客だと思って、わたしはひとりで苦笑した」と野坂は『風雪のあゆみ』で書いています。

一段革命か　二段革命か

会議は、堺委員長の党務報告ではじまり、綱領の討議が中心となります。

ここで、ブルジョア民主革命からプロレタリヤ革命へという二段革命論者と、プロレタリア一段革命論者にわかれて論議がたたかわれます。「まずブルジョア革命に重点を」という二段革命論者は、高津正道、高瀬清、浦田武雄、辻井民之助、西雅雄、川内唯彦そして野坂参三が発言し、一段改革論

の立場は佐野学、田所輝明、近藤栄蔵、山本懸蔵、猪俣津南雄そして渡辺満三が発言した記録が残っています。

「しかし両派はみかけほど対立しているわけではない」と『日本共産党の創立』も指摘しているように、観念的議論のわくを出て当面の具体的戦術を議論する点で、充分かみあわない面もあったようです。

また「君主制の廃止」については全員問題なく賛成ではあったが、それを議論することについては、「大逆事件」の手痛い経験をもつ堺委員長が慎重論を唱えますが、討議に入ります。そのとき堺委員長は「実はこの集まりも危険だ」と指摘します。「そこで渡辺満三ほか二人が、席を立ってそっと他の部屋の様子をさぐりにいった。すると、はたしてウサンくさいのが二つ目の部屋にいることがわかった」りして（高瀬清『日本共産党創立史話』）緊張する一幕もあります。

また、満三は「地主制廃止」を当然としながらも当面の行動スローガンに加えることには佐野、山本、杉浦とともに反対します。　野坂も「わたしもそれには同意見であった」としながら「しかし（中略）この重大な課題をどのようにして具体的に大衆の問題にするか、その答えを出せなかった」と『風雪のあゆみ』に書いています。

にもかかわらず、この綱領討議は、日本革命史における画期であることは言うまでもありません。

（一九八三・一二・一八）

⑱ 第一次共産党弾圧　満三、市ヶ谷刑務所へ

石神井会議が対象

「この綱領草案は、当時の歴史的条件にもかかわらず、科学的社会主義の理論を日本の情勢に適用し、日本の革命運動の方向と目標をしめした日本共産党の最初の綱領的文書として大きな歴史的意義をもつものだった」（『日本共産党の六十年』）のです。

綱領は「天皇の政府の転覆および君主制の廃止」を重要な内容とするブルジョア民主主義革命を完成させ、ひきつづき社会主義革命に前進する展望をあきらかにし、また二十二項目の行動綱領をしめしたのです。それは日本人民の解放闘争の歴史で、民主主義と平和、勤労人民の利益擁護、国際連帯の旗が明確な首尾一貫した政治綱領としてはじめてかかげられたのです。

渡辺満三が、この綱領の決定に、事務的役割りをもふくめて積極的な貢献をしたことは、満三の革命家としての比較的に短い生涯のなかで決定的な意義をもつものでもありましょう。

ところが、この石神井会議が、日本共産党への最初の弾圧の対象となります。

佐野学が党の書類を一労働者（渋谷某）に預けたところ、それが警視庁のスパイであって、それがいとぐちとなって、大正一二（一九二三）年六月五日午前四時を期して一斉に約八十人の検挙がおこなわれ、二十九人が起訴されます。これが第一次共産党弾圧事件です。

満三は最初に令状を執行された十一名の一人です。「この最初の弾圧は、天皇制政府のスパイ・挑

発と闘争の重大性を教え」(『日本共産党の六十年』)たものでした。

この時の検挙や、取調べの状況、正力松太郎を中心とする当局側の謀略的計画の実体などは、一緒に検挙された野坂参三『風雪のあゆみ』四巻にリアルに述べられています。

満三が、会場の設営者ということもあっておそらく、もっとも苛酷な取調べをうけたであろうことは当然予想されるところで、彼が獄中で、その健康に致命的打撃をうけたという記録からも充分裏付けられることですが、この点についての直接の記録はなく、『風雪のあゆみ』等で類推する以外にありません。

激震と殺気の三日

その『風雪のあゆみ』の獄中記録の圧巻はその年の九月一日の関東大震災に襲われた当時の市ヶ谷刑務所内のまことにすさまじい状況です。それは「激震の三日間」という見出しで詳しくつづられています。

八十センチ四方くらいの小さな窓しかない部屋がおしつぶされて、激震から逃れようのない囚人の恐怖、大地震のおかげで、はじめて広場で巡りあう共産党事件の被告たち、獄外から見える東京都内の大火災のすさまじさ、そして、混乱と恐怖のなかで組織される監獄自治会ともいうべき「代表委員会」、とびかうさまざまなデマ、集団交渉から囚人大会へそして遂に軍隊の出勤、兵隊に対しての野坂参三氏の演説、半狂乱の看守長の殺気みなぎる挑発。このような状況が、川合義虎や平沢計七ら共産主義者に対する軍隊による惨殺、そして憲兵隊による大杉栄夫妻の扼殺、朝鮮人の大量虐殺という

ような状況の中で、市ヶ谷刑務所内で展開していったのでした。

渡辺満三は、病身の身でこの状況のなかで闘ったのです。そして、この年の一二月のおしせまった頃に、相当深化した結核の病に侵された体で、一応保釈の身となり、大塚、坂下町の自宅に帰ってきます。

（一九八三・一二・二五）

⑲ 右傾化に抗して　病床から労働者激励

致命的打撃受けて

満三が、保釈で出獄した頃の状態を伝える記録は、その一年半後、彼が遂にたおれたときの訃報＝早稲田大学建設者同盟機関紙『青年運動』第四巻第五号（一九二五年六月）に掲載された次の文章以外にはありません。

「彼は情熱家であるとともに、冷静な思慮人であった。殊に彼は、普通のストライキマンではなくて、徹底した階級思想の把持者であった。真剣なる闘士に報ひられる牢獄の惨は、また彼を襲ったのは当然であった。

彼の体質は厳状であった。けれども、不断の闘争の中に彼の肉体は蝕まれて行った。運動の余儀なくされた不規則な生活、過労、牢獄生活は、彼の体力を衰へさせずには置かなかった。かの問題の共産事件に連座して市ヶ谷の獄窓につながれた七ヶ月の未決生活は、彼の生命に致命的

打撃を与えた。爾后、彼は自宅に静養していたが、しかし一日も運動を離れたことはなかった。」

この文章で彼が「生命に致命的打撃」をうけて出獄したこと、そして静養を余儀なくされながらも「運動を離れたことのない」ことが明らかです。

そしてこの頃、労働運動も、また誕生したばかりの党も、外からの反動の嵐と、内からの敗北主義、清算主義的な深刻な動揺に襲われていました。労働運動の「右翼化」と共産党内の「解党主義」の傾向でした。

敗北主義との闘い

労働運動には、震災の際の白色テロに一部の無自覚な労働者がまきこまれて参加した事から、「労働運動が大衆から遊離していたから」と過大な自己批判を清算主義的に行う傾向が総同盟の機関紙などに表れました。その代表的なものとして大正一二年一一月一日号の無署名の「反省から勇躍へ」という論文を、『風雪のあゆみ』第五巻で野坂参三氏は例示しています。その右翼化のスローガンとしてかかげられたのは「理想は高く、現実は卑近に」ということばで、それは現実主義、労使協調主義を意味します。今日の右翼化もその中心スローガンは同じです。

それは大正一一年の総同盟大会が確立した階級的立場を放棄させようというものでした。

こういう状況に対して、満三がどういう態度をとったかをうかがうものとして、大正一三（一九二四）年雑誌「潮流」第一巻五月号（大阪の潮流社の刊——共産党再建ビューローの関係者が主に執筆した雑誌）に掲載された「吾等の日・メーデーは来た」という文章があります。そこで満三は

メーデーの意義を説いたあと次のように述べています。

「関東の大震災は至る所の工場を灰尽に帰し労働運動者の多くは軍閥や官憲のために虐殺された。失業者は何十万となく廃墟の上になげ出された。反動運動は台頭し、社会主義者を殺せ、不逞鮮人を切れと云ひ、在郷軍人の声は高かった。そうして一時労働運動は破壊されたかの如き形であった。しかし、この天災地変を利用したホワイトテロに対し、復しゅうの念は一層労働者の間に炎上し、再び猛烈な運動が開始された。」

満三は「致命的打撃」をうけた体力をふりしぼって、労働者に闘いの継続を訴えているのです。彼の文書は次のように続いて、労働運動を励ましているのです。

「我々労働者の解放運動は歴史的進化の必然的結果であって人為的には如何ともする事ができない。此の自然的運動を官憲の迫害や法律に依って撲滅せんとするは、あたかも、洪水を大手を拡げて堰きとめんとする愚に等しい事だ。」

（一九八四・一・一）

⑳ 治安維持法阻止に　病軀で参加し、弊れる

党再建へ情熱

渡辺満三は咽頭結核に冒されていたということを満三夫人の幸さんの実妹島谷えい子さん（東京在住）から正月三日の電話で筆者は教えられました。

しわがれ声で話をし、後には筆談による以外になくなるようななかで、生活は幸さんの行商や仲間のカンパで支えられながら、後には筆談による以外になくなるようななかで、反動攻撃によって右傾化しつつある労働運動をたてなおすために、必死の思いで労働者を激励しつづけるのでした。

一方、反動の嵐の強まるなかで、労働運動の右傾化に呼応するように、できたばかりの共産党指導部内には、赤松克麿、山川均に代表されたような党の解体を主張する解党主義があらわれます。「党の解体に賛成した人びとのなかには、共産党の存在の必要を否定する立場からではなく、現在の党の欠点や弱点を理由に、これを解体して、あらためてより強固な基礎のうえに党を再建すべきだと考えた人もいた」（『日本共産党の六十年』――以下『六十年』）のですが、正規の会議もひらかず解体を決定したことは「重大なあやまり」（『六十年』）でした。

だが、党再建の委員会（ビューロー）がつくられ、研究雑誌「マルクス主義」の創刊や、野坂参三が中心となっての「産業労働調査所」の設立など、党活動の継続と再建への努力を続けられます。その再建ビューローの人々が主に執筆していた雑誌「潮流」に満三の論文が掲載されていることは、彼の党再建への積極的情熱の証しとしても注目されます。

語りたい多くを胸のなかに

労働運動、革命運動には、さらに新たな攻撃が準備されていました。加藤高明内閣は「普通選挙法」を公布する準備として、同時に、それまでの「治安警察法」を一層改悪した「治安維持法」の制定を企みます。それは『国体を変革』し『私有財産を否認』するいっさいの結社およびその言論や運動

138

を禁止」するもので、まさにわが国の戦前体制＝絶対主義的天皇制＝の反動的性格の脊骨をうけもつ最たる悪法でした。

二月一九日の「普通選挙法」との抱き合せ上提を前にして「日本始って以来の悪法案（総同盟中委決議）」を阻止する運動がまき起ります。一月三〇日東京に悪法反対同盟会がつくられ、同三一日と二月三日には大阪で、それぞれ千人以上の悪法反対演説会、二月一一日には東京の有馬ケ原に総同盟以下三十五団体三千人の大会とデモ、横浜、名古屋、野田でも集会が組織されます。

そして悪法が議会に提出された二月一九日には、東京芝公園の協調会館に、全国の労組、無産団体四十の代表千人よる民衆大会がひらかれ、議会で同法案に反対している星島二郎、清瀬一郎代議士などが激励演説を行います。さらに「日本無産階級は、支配階級の挑戦たる治安維持法の徹底的排撃を期す」と決議した参加者は、みぞれを突いて議会に向かってデモ行進し、途中で警官隊と大乱闘となり、二十九人が検束とされます。

この集会とデモに、病床にあった満三があえて参加したのです。その満三の心中を私達はどのように想像すべきでしょうか。しかも彼は二十九人の検束者の一人となり、警察隊からなぐる蹴るの乱暴をうけ、それが原因となって、間もなく釈放されても以後は二度と病床から立上ることはできなかったのです。

咽頭結核は、一層悪化して満三から声を完全に奪い、筆談以外に意思を表明することができないなかで、遂に五月一一日夕刻、仲間に語り告げたい多くの言葉を胸の中に満しながら、三十三才の渡辺満三は、階級戦の中に弊れていったのです。

（一九八四・一・一五）

㉑ 解放事業に完全燃焼 ──松山でも告別式──

「満さん」と別れ惜しむ労働者

治安維持法が四月二二日に公布されてから二十日後の大正一四（一九二五）年五月一一日、小石川の西川という西洋料理店の二階で開かれていた「治安維持法撤廃期成同盟会」結成会には、山本懸蔵、松岡駒吉等約四十名の労組代表が集まっていました。

そして会の結成と運動方針の決定にこぎつけた時に、上森健一という労働者がかけ上ってきて「ただ今、ナップルツ時計工労働組合の渡辺満三君が死去されました」と悲報をもたらします。たちまち大塚坂下町の渡辺宅に山本懸蔵を中心に十四、五名がかけつけてゆきます。狭い家（六・四・五・三畳）はすでに枕元に来ていた堺利彦その他の中間でいっぱいとなっていた（西村祭喜氏＝治安維持法犠牲者への国家賠償を求める会代表＝故人・の遺稿集）といいます。

治安維持法という歴史的悪法に反対して倒れ、その撤廃期成同盟会結成の日に死を迎えた満三の最期は、ナップルツの壮烈な闘い以来、野蛮な天皇制警察権力の抑圧に対する不屈の抵抗者としての彼の生涯にとって象徴的と言えましょう。

同時に、松尾洋氏（新日本新書『治安維持法』の著者）をして「治安維持法最初の犠牲者」として位置づけさせるにふさわしいものでもありましょう。

満三の葬儀は東京音羽の護国寺で行われました（島谷えいさんの話）。この寺は四年前のナポル

ツの大争議の際に五百名以上の労働者を結集して反撃に転じた、満三にとっての古戦場でもありま

す。東京の多くの労働者から「満さん」と頼りにされていた彼の葬儀には多数の警官の監視の中で数

百名の労働者が参加して、真紅の旗でおおわれた（島谷えいさんの話）満三の棺に別れを惜しみつつ、

「満さん」の遺志をひきつぐことを誓ったのです。

幸夫人に抱かれ

そして、満三の遺骨は幸夫人に抱かれて故郷松山へ向います。東京駅から汽車に乗った遺骨を刑事

が尾行します（見送った島谷えいさんの話）。そして静岡、名古屋、大阪と引継ぎで尾行監視される

中で悲しい帰郷の旅を続け、松山に着いた時も二人の刑事がついていた（満三の姪に当る京河テルさ

ん＝松山在住＝の話）そうです。

そして松山での告別式は東一万町にあった実兄佐川熊太郎氏宅で行われます。

そのとき、幸夫人が「満三は立派な運動家でした。私は彼の意志を継いで生きてまいります」ときっ

ぱりとした挨拶をして甥に当る梅太郎氏や渉氏を大いに感激させたことは、この拙稿の二回ですでに

ふれたところです。

遺骨は、御幸町の千秋寺の渡部家の墓地に納骨されます（後に一度九川の墓地に、さらに石手寺墓

地に移されます）。

十六歳で、松山を出た渡辺満三こと渡部万蔵は、三十三歳までの短くも充実した生涯を労働者階級

の解放と、その前衛党の創建に完全燃焼させて、いま故郷に、静かに眠ることとなりました。

幸さんのこと

夫人の幸さんは一八九三年、茨城県日立市で天下井という弁護士の娘に生れ、父の没後いろいろの仕事をしながら文学に志し、菊池寛とも交りがあったり（島谷えいさんの話）するなかで大正九年頃から婦人運動にも参加、わが国最初の社会主義婦人運動団体の赤瀾会の会員となり（この頃満三と結婚）後に野坂龍さんなどが中心となった関東婦人同盟の会員としても、また満三の死後は、主に救援活動に献身したようです。

そして、後に、満三の盟友であった時計工組合の立原正氏と再婚しますが、立原氏も戦争直後死

満三の夫人・幸さん

没、戦後は、特に共産党の都議梅津四郎氏夫妻と親交を結び、民主諸団体の運動に参加し、一九五三年、東京板橋の養育院に入った後も院内で活動をつづけ五八年七月二日、六十五歳で亡くなります。

解放運動に従事して死没した人々を記念してつくられている東京青山の無名戦士の墓に、満三とともに合葬されていることが示しているように、幸夫人は満三の葬儀の際の誓いを、生涯かけて貫いたのでした。

（一九八四・一・二二）

㉒ 郷土の運動への影響　岩田義道や和田四三四にも

倉紡組合づくりの手ほどき

満三は大正一一年の春頃と考えられる時期に一度、帰松しています。既に紹介した「大衆時代大正一五年四月二一日付」（第三回）の報道にも「松山へも一度帰ってその鋼鉄のような身体と意思を見せたものだ」とあります。また佐川梅太郎氏の記憶による類推もその時期のようです。

兄・佐川熊太郎の家（松山市東一万町）に早稲田の学生出身の脇貞邦を連れて帰り、約二週間位滞在して、その間に、松山の労働者や学生等と交流して、一定の影響を与えたことは、前記の「大衆時代」の記事にもうかがうことができます。また、後に不敬罪で逮捕された脇貞邦を兄熊太郎の家に下宿させて帰京しますが、その脇は、大正一二年に創立された松山高商の教師重松通直とともに、松山高等学校（大正八年創立）の学生を中心に学習会を組織します。

これに参加した満三の甥佐川梅太郎氏の記憶によると、マルクスの『資本論』、ダーウィンの進化論等をテキストにしたこの学習会のメンバーの中には、岩田義道＝後に、共産党中央委員、満州事変の侵略拡大に反対する闘争を指導、昭和七（一九三二）年一一月二日西神田警察で虐殺される＝の名が、後に自民党代議士となった菅太郎等と並んででてくるのです。

また、梅太郎氏は「重松通直先生は満三叔父と連絡があったようです」「そして、後に昭和二年に戦前の松山での最大の争議が行なわれた松山倉紡の組合づくりの最初の手ほどきも、満三の帰松のと

きに行ったようで、満三の帰京した後は、脇さんが、倉紡の労働者と連絡をとりつづけていました」
と語っています。

戦前最期の党中央づくり

また、重松通直氏（戦後大分大学、別府大学教授等をつとめ民主運動に参加）は、松山でのマルクス主義学者の先駆者のようで、その影響で運動に参加したと考えられる人に和田四三四（道後出身、松山中学から松山高商にすすみ、卒業後高商の図書館勤務から関西の消費生協運動に移り、日本共産党に入党、関西多数派を経て、その自己批判の中から、袴田里見の逮捕で党中央を失った共産党中央再建準備委員会を結成して奮闘中に昭和一七年獄死）があります。満三が党の創立大会の参加者八人の一人であり、そして満三が重松通直氏を経て間接的につながりをもった和田四三四氏が戦前の共産党中央の再建に最後まで力をつくした人となったわけで、ともに松山出身のこの二人が、日本共産党の戦前史の中で果した役割りは、際だったものであって決して埋もれさせてはならないでありましょう。

甥の佐川梅太郎

満三が、愛媛の革新の運動に与えた影響の中で、甥の佐川梅太郎氏を通じての影響は書き落すわけにいかないものです。

梅太郎氏は、帰京した満三のあとを追うように大正一一年の秋頃上京し、約半年間、坂下町の満三宅に同居します。当時の思い出を次のように語ってくれました。

「離れの納屋のような建物には、時計工が十数人いて、組立ての下請や修理をやっていました。（ナ
ポルツ等で馘首された労働者たちと考えられる）満三は毎日のように会合に出かけていました。私を
講演会にもよく連れていってくれたので覚えていますが、その他の人の名は教えてくれませんでした。」
名前は教えてくれたので覚えていますが、その他の人の名は教えてくれませんでした。」

「私は、運動に参加させてもらう気で上京したのですが満三おじは『おまえは佐川家の跡とりだか
ら、帰らねばならない』といって許しませんでした。私の父からも何か言ってきていたのでしょう。

しかし、言い方はとてもやさしく、彼は家では大きい声をたてることはありませんでした。だが、講
演会などでは、右肩をやや後ろに引いて熱烈に話をする姿を覚えています」

東京で激烈な影響をうけた梅太郎氏は帰松した後、松山の無産運動の中心的活動家の役割りを次第
にうけもつようになります。

（註）　文中の岩田義道氏の夫人宮本キクヨさんは本年（新聞掲載時・一九八四年）一月一五日、重信町の
　　　国立愛媛病院で亡くなり葬儀が行なわれました。

（一九八四・一・二九）

㉓　多彩な影響の広がり　──暖かい人間味

松山の大正末期の運動に

満三の甥、佐川梅太郎氏は、大正一二（一九二三）年の春頃、満三の家から松山へ帰ってきます。

三月一五日の石神井臨時党会議で党綱領の策定に満三が奮闘していた頃です。

その梅太郎青年（十八才）が、松山で最初のメーデーを、その年の五月一日に実行しようとして前夜に逮捕されたことは、すでに書きました。

その後、無産青年同盟や水平社で活動し、また、北宇和郡日吉村で井谷正吉氏（戦後の社会党代議士）が中心となっていた「明星ケ丘」の共同生活にも参加し、さらに松山に帰って、松山合同労組の執行委員長や、労農党の執行委員などとして、戦前の県下の革新運動で、多面的な活動を昭和一三年まで続けました。この点で、梅太郎氏は、満三の影響を郷里に伝えた後継者といえましょう。

こうして渡辺満三は、重松通直、脇貞邦、佐川梅太郎等を通じて、松山と県下の進歩と革命の伝統に、一定の影響を残したのであります。

そして、ここで一言ふれておきたいのは、大正の末期から昭和初期にかけての松山からは前述した岩田義道や和田四三四のほかに、白川晴一（一九三一年入党、戦後党中央委員、東京都委員長、五一年没）、重松鶴之助（三三年頃党関西地方委員会責任者、三五年没、洋画家）という松山中学大正一五年卒（二人とも五年中退）の同級生の革命家を生んでいることです。特に白川は、満三が「手ほどき」をした松山倉紡の昭和二（一九二七）年の大争議の指導にも当り、その点で満三のまいた種を育てたのでした。

白川晴一　　　　重松鶴之助

また民主文学同盟松山支部の敷村寛治氏が昨年末の赤旗に掲載したように、この白川、重松とともに回覧雑誌〝楽天〟のグループには戦前の日本映画のすぐれたシナリオライター伊丹万作と映画監督伊藤大輔、そして昨年亡くなった俳人中村草田男などがあり、これまた昨年すぐれた業績を残して亡くなった共産党員の映画監督山本薩夫もまだ幼いときに二人の兄を通じて白川や重松とのつながりがあったのです。

こうして、満三につながる松山の進歩と改革の潮流が、子規以来の文学的伝統とも重なりあって多彩な広がりを見せはじめていくのです。

いくつかの補足

ここで、いままでのレポートについて幾つかの補足をさせていただきたいと思います。

一つは、ナプポルツ時計工場についてです。外資関係らしい名称ですがルーツがわかりませんでしたが、最近マルジュ社刊の萩原晋太郎著『町工場から』等で大体のことが教えられました。明治二〇年ころから、横浜居留地で、スイス製懐中時計の貿易をはじめたルードルフ・シュミット商会が明治四三年本国に帰ったとき、生糸業のナプポルツ商会がその代理として事業をひきついだもののようです。そのために「材料が途絶えた」ことなどの事情も起ったのかも知れません。

また、丁度、日本共産党創立の年の大正一一年から日本で腕時計の製造がはじまっており、今日のクオーツへの移行と考え併せて、時計工業の転換と合理化の季節にナプポルツその他の時計工労働者の闘いの高揚があったことが想像されます。

また、時計工組合の活動家だった三沢丁三氏の話によって満三はナプポルツ勤務の前にまず精工舎で——おそらく年季奉公の形で松山から上京就職して——働き技術者としてすぐれた能力を身につけていたことがわかりました。

同氏の話で満三の労働者らしい人となり、例えば、震災後、遠く朝鮮の京城にまで行っていた三沢氏に東京での勤め先を世話してくれたりした暖かい人柄もわかりました。

また、同じナプポルツの「金ちゃん」という少し遊び人風の若者労働者がゆきちがいで刺殺事件をおこし、満三を頼って逃げこんで来たために、満三がまきこまれて警察に逮捕されるちょっとコミカルな「金ちゃん事件」の存在も知ることができました。これにはいささかお人好しで、面倒見の良い満三の人間味が、うかがわれるのです。

（一九八四・二・五）

㉔　党創立に参加した労働者の代表

練れた労働運動家

渡辺満三の三十三歳の足跡の概略は、前号までの通りです。

それでは、満三の生涯の特徴はどの点にあるのか、また、今日に生きる私たちが学ぶべきものはなにか、この点について、若干の感想を述べて、このレポートのしめくくりとします。

彼は、ナプポルツ争議に代表されるように戦闘的な労働者であり、関東大震災当時の大弾圧に脅え

て、多くの労組指導者が右傾化していったときに、労働者階級の展望を示してこれと闘いました。また、その一方では、「総連合」運動や、三悪法反対運動の中では、当時としては練れた統一行動論を展開して、実践にも移しているように、大正末期の労働運動家として優れた熟度をもっていました。

そして、治安維持法の制定に反対して、文字通り命をかけてこの悪法の歴史的本質を告発しました。

以上のような満三の歩みは、彼が一九二〇年代のわが国のすぐれた労働運動家であることを充分に証明しています。

しかし、渡辺満三の生涯の最大の光彩は、日本共産党の創立に、積極的に参画した労働者党員の代表的人物の一人だという点にありましょう。

創立大会の労働者

すでに、見て来たように、彼は、大正半ばの日本の労働運動で支配的であったアナルコ・サンジカリズムの影響を強くうけた活動家の一人でしたが、ナップルツ時計工争議等を天皇制警察権力の暴圧と闘った苦難に満ちた体験の中から、国家権力変革の必要性を確信し、共産主義に進んでゆきます。

アナーキズムとコミニズムが共存して、議論を闘わせた北郊自主会の一員だったことが満三の思想的変革を促進したのでしょう。

社会主義同盟のよびかけ人の一人となり、さらにすすんで、日本共産党の設立大会（一九二二年七月一五日）の参加者八人のうちの一人となります。八人のうち彼以外は堺利彦や山川均をはじめとするインテリゲンチャであったなかで、満三だけが労働者であることは、やはり特筆すべきことでしょ

う。

そして、党の初代労組部長をつとめ、党綱領の起草委員となり、綱領策定の石神井臨時大会の会場設営者や事務局の役割りも果します。

労働運動の一活動家が、日本共産党の創立という、わが国の近・現代史の画期ともいうべき歴史的事件に積極的に関与できたということは、それ自体、歴史の必然を示すものであり、その役割りをになった満三の生涯の輝かしさを証明するものです。

党創立の歴史的意義

日本共産党創立の意義は、一昨年の第十六回党大会でも宮本顕治幹部会委員長（当時＝満三の葬儀が東一万で行なわれた年の四月に松山高等学校に入校）があらためて次のように指摘しているところです。

それは「第一に科学的社会主義の理論にもとづいて、日本社会の合法則発展を促進し、労働者階級をはじめ、一切の勤労者、広範な国民の根本的利益を擁護する党」が、「第二にわが国の進歩と革命の伝統、日本の歴史の一切の価値あるものの継承、発展者としての党」が、「第三に、世界の進歩と平和、被圧迫民族の解放、諸国の労働者階級と人民の相互連帯、というまったく新しい国際的視野を日本の歴史にひらいた党」が、登場したことを意味するのであります。

渡辺満三は、党創立後、わずか二年十ヶ月で弊れます。それは、労働者階級の歴史的使命を自覚した一労働者が、その使命の遂行に直進して、三十三歳の生涯を燃焼させた鮮烈さを私たちに強く印象

づけます。

歴史的課題にむかっての直進＝それは一九八〇年代の今日においても、以来六十年の豊かな蓄積を土台としながらも、私たちに求められているものでしょう。

渡辺満三の初心と私達自身の初心を重ねあわせて、その実践に、ねばりづよい直進をつづけたいとあらためて思うものです。

つばきのつぼみ

近日、再訪した満三の生家跡（松山市河中、両新田神社の前の広場）には、市指定のおつえつばき（県下最大のやぶつばき）が、枝もたわわにつぼみをつけ、真紅の花の満開も間近であることを考えていました。ちなみに松山市の市花はやぶつばきです。

御礼　このレポートのために御教示をいただいた松尾洋先生、佐川梅太郎氏、近代史文庫の諸先生をはじめ多くの協力者の方々に感謝をささげます。（一九八四年二月六日）

3

『楽天』の先輩たち

——重松鶴之助　伊丹万作　中村草田男　伊藤大輔

はじめに

ちょうど、政治の季節ですが、それではなく、美術展のトークで、緊張しています。

まず、この展覧会を開催された久万美術館に感謝します。

やはり松山が生んだ前衛的で優れた画家・柳瀬正夢の没後五十周年展を県立美術館に先がけて、サンパーク美術館とともに、八年前の九五年に先がけて開催していただいたのも、久万美術館でした。

私個人にとって、柳瀬が東雲小学校の先輩なら、今度の重松鶴之助はじめ、楽天グループは、松山中学の大先輩。この先輩たちの、今まで埋もれていた多くの部分を含めて、一挙に里帰りさせて戴いたことは、誠に有り難い限りです。

松山がやるべきことを、先んじて、久万でやっていただいていることは、正に感謝の限りです。いや、都市化した松山が失った良いものを、久万は沢山持っておられますが、この展覧会の開催で、今や奥松山としての久万の風格を再確認するものです。

同時に、久万美術館を支援して、この展覧会を起ち上がらせていただいた愛媛新聞社さんには、「さすがだ」と信頼を新たにするものです。

また、久万美術館が、今度の催しを含め、先進的役割を果たしておられるのには、歴代の館長さんはじめスタッフのご奮闘は勿論ですが、創立に功労の大きい井部栄治氏や洲之内徹氏などのご足跡にあらためて敬意を表したいと思います。

そして、重松鶴之助の事跡の調査発掘に取り組んで三十年、この美術展の準備にも力を合わせてきた私達の親しい友人敷村寛治君が、昨年七月、惜しくも逝去した残念な思いを新たにするものであります。その敷村君等に比べて、私は、絵画美術には全くの門外漢で、ギャラリートークなど、資格は全くない、一老人ですので、ご迷惑をおかけすると存じますが、どうかご寛容の程を初めにお願いさせて頂きます。

(1)「文弱・松中」の伝統の中での「楽天」の先輩たち

さて、この展覧会の主役・重松鶴之助は、生きていれば、今年百歳。今日では、元気な百歳も珍しくないですが、私にとって松山中学では二十四期、つまり二回り上の先輩、だから、共にウサギ年生まれです。尚、重松先輩の三回り上のウサギ年が、子規大先輩達になります。兎ですから跳び上がります。

ただその跳び上がり方には色々違いがあります。

最初は、私事を申して恐縮ですが、私が重松鶴之助先輩たち、「楽天」の先輩たちに関心を持つようになった要因のそもそもは、戦時下の軍隊の学校にあります。

昭和一五年入学、二〇年卒の私は、百パーセント「戦時下の松中生」で、しかも一年早く、松中四年の一九年春、陸軍士官学校に入った私は、三ヶ月程経った頃、自習室で、区隊長の大尉に叱られます。

チビでのろまの私が、国語で習っていた万葉集の試験だけは良いというのはどういう訳か、何を習ってるのだとノートを覗き込むのです。

そこには巻の一ノ一の「こもよ、みこもち、みふぐしもち」の歌で「菜を摘んでいる御前の名は誰

か」等と書いているのを見て「何だ、恋歌でないか、誰の歌じゃ。」と怒りますので、私が起立して「恐れ多くも二十一代天皇雄略天皇であります。」と答えますと、大尉も気を付けをして「そうか」と言った後、「おまえは松中だったな。松中は文弱だからな。」とやや憎らしげに言ったのです。「松中は文弱?」「文弱とはなにか」です。

「文弱」とは「軍人に賜りたる勅諭」に二回も否定的傾向として強く戒められている傾向です。

戦後、私は、軍隊が嫌った文弱とは「文芸、芸術に強い愛着を持つ傾向」であり、松山は正にその風土です。日本の軍閥の主流は、この傾向を憎み、軽視していましたが、松山出身の者は、軍人になった者でも、例えば、秋山兄弟や桜井忠温や水野広徳らも、文には弱いのでなく、むしろ大変強かったので、文弱と言われたのだと分かったのでした。

その立場で考えると、戦時下の松中にも、リベラルな雰囲気や態度を守っておられた先生──例えば谷野予志（芳輝）先生や黒田幸弘先生等が居られ、貴重な光を発して居られたことに気付くとともに、その様なリベラルで文学・芸術的な校風の典型的集団として大正半ばから、昭和初期にかけて、「楽天」という並み並みならぬ展開と活躍をした「先輩グループ」があったことを知ったのです。尚、ここで松中という場合、今の松山東高という狭い範囲ではなく、松山の、愛媛の文化的風土の代表として、語っているつもりですので、よろしく。

そして、最初に敢えて、結論の一部の様なことを言わせていただくなら、「文弱」の源流が松中早々の、子規さんの時代にあるとするなら、その地下水脈が、大正の中期に、表流に躍り出て、個性豊かな異彩の群像たちの、眩いばかりの友情のあり様を、次第に暗くなっていく昭和初期にきらめかした

のが、この「楽天」の先輩たちだったのではないかと、私は考えるのです。

⑵　山本薩夫の語る「楽天」の兄さんたち

さて、「楽天」の先輩たちの実際のあり様は、実像はどのようなものだったでしょうか。

この問いに応えているのが、『伊丹万作全集　全三巻』の二巻の最後尾に「伊丹万作の思い出」として中村草田男が書いた文章です。これについては、開展の日のギャラリートークで草田男先生のお嬢さんの中村弓子教授が、忠実にご紹介いただきました。

そこで、私は、「楽天」についてのもう一人の「思い出」である、山本薩男さん――そうです、映画監督、「戦争と平和」「荷車の歌」「あゝ野麦峠」「白い巨塔」等の社会派監督の山本さんの『私の映画人生』の冒頭の一部をご紹介したいのです。

「長兄が松山高校の二年生、次兄が松山中学の三年生、私が小学校（番町小）の五年生の頃のことだったと思う。長兄の中学校時代の友人で、後に画家となる重松鶴之助や、俳人として一家を成す中村草田男たちが、毎日の様に私の家に遊びに来ていた。

重松鶴之助は、私の二人の兄の共通の友人で、私より七歳も年上であったが、私は、この人を〝鶴さん〟と呼んで、本当の兄の様に慕っていた。五尺足らずの小さい体であったのにもかかわらず、全身に精気がみなぎり、大変に魅力のある人であった。」と。

さらに、「破れ靴に花踏み松山中学生」の句もある中村草田男については、本名の清一郎を「清さん」

と呼んで親しみ、口数少なく哲学的雰囲気を持った人で、薩夫を大変可愛がってくれ、ボッチチェリの画集をくれ、その絵はよくは分からないが、画集を手にしていささか得意だった。」と書いています。

そして、絵を描き始めた薩夫は鶴さんの勧めで、池内義豊——後の伊丹万作の画塾に通ったこと。向かっては「先生」と言うが、陰では、生徒たちは、池内先生のことを、顎が長いので「三日月、三日月」と呼んでいたそうで、池内はその画塾で生計を立てていたらしいとも書いています。

この後、山本薩夫は、「私は、この印象派風の町の光の中で、紺がすりを着て遊んで育った」と書いています。

年長の伊藤大輔は、既に卒業後、呉の海軍工廠での労働運動のあと、小山内薫を頼って松竹の脚本部で働いていましたが、その伊藤を含め、この楽天グループはみんな、当時の雑誌「白樺」の愛読者だったと薩夫は書いています。

明治の末、武者小路実篤や志賀直哉など、学習院卒などの上流出身の青年文学者が始め、画家の岸田劉生なども加わり、大正中期には大きな影響力を持ったこの「白樺」、大正ヒューマニズムの象徴的雑誌については、今年六月、関川夏央氏が『白樺たちの大正』を出して、「新しき村」を含めての、その文化史的・社会史的意義の再検討を呼びかけていますが、「楽天」の仲間はみなその影響を受け、芸術への志は高く、特に池内と重松は第一級の画家を目指して競い合っていたと、薩夫は伝えているのです。

従って彼等の作る寄せ書き雑誌「楽天」は、言わば「白樺」の小型松山ローカル版の様なものになっ

たのです。

ここで、ちょっと山本一家の紹介を補足しますと、長兄狷吉は重松と同級で四年から松山高校二期生に進み、理甲の総代（級長）を勤め、同じ組に後の俳人・芝不器男が居れば、文乙の総代は、野球部の応援団長も社研のリーダーも勤める岩田義道（後の日本共産党幹部）がいます。

次兄の勝巳さんは、後には著名な建築家になられますが、その絵が「静物」と「自画像（多分）」としてこの展覧会に出されています。そのご子息が、俳優の山本学・圭・亘の三兄弟であることは、皆さんご存知でしょう。

そして、この山本家の父上は、愛媛県の初代林業課長だったことは、私が県議会時代に、調査・確認しました。札幌の農学校を出て、鹿児島県に勤務、そこで生まれたから薩夫。愛媛県が農林課から林業課を独立させた時に松山に転任して来られた方でした。

この兄弟の中で、松山中学に一年生までいた末の弟の薩夫さんは、ドストイエフスキーの「カラマーゾフの兄弟」の末弟アリョーシャになぞらえられたそうですが、同じように可愛いられたのが、松山が生んだ新劇の名優「丸山定夫」も秀才ぞろいの兄たちの中で、アリョーシャと呼ばれていたと言います。

当時の正に「文弱な」いや、文化的な松山の風土がそこに鮮やかに写っています。

また、「白樺」の第一号で、武者小路実篤が「白樺」の出発点が、夏目漱石の『それから』の受容＝受け入れにあると書いているのにも、「坊ちゃん先生」に特別の愛着を共有する愛媛人にとっては、新たな関心を起こさせます。胸にはヒューマンな理想を抱きつつ、暮らしは上流の甘さの中にある矛盾を漱石が『それから』で突いていたとするなら、その批判の受容から

を持つからです。

出発した「白樺」、そして、そのローカル版「楽天」の、仲間たちのその後の歩み方にもインパクト

⑶ 「楽天」グループの旗持ち――重松、「閑々亭肖像」の気迫とデロリとした美

さて、「楽天」の活動のピークは、松中在学中と、卒業一年後の大正一一年の秋、重松らが、東京から松山に帰り、上一万の伊丹万作の家や、松高の小使い室等に寄って、明け方近くまで論じ合った事は、前回の中村講師が熱く語っていただきました。

そこで「第一義的芸術を」と言って、みんなの胸に「火を付けて」回ったのが、重松の鶴さんでした。これを第二期とするなら、再上京して画業に「第一義的」に打ち込み、大正一三年春、第二回春陽展に十九点持ち込んで三点が一挙入選を果たす緒戦の成果等を経て、第三期が今度、初めて公開された「朱樂」の時代です。

この「朱樂」についても、既に中村先生が、特別の思いを込めて語られました。この「朱樂」活動の盛りと重なって、重松は聖徳太子第一回奉賛展に、全国の一流画家に伍して、わずかに二十三歳でしかも美術学校も出ない独学で、「田舎娘」と「閑々亭肖像」の二点の出品を果たすという栄光を大正一五（一九二六）年の春に獲得します。

特に、「閑々亭肖像」の持つ不思議な迫力は、多くの専門家を唸らせています。

松中の後輩でもあり、戦後その美術評論家としての活眼に於いて、評価の益々高い洲之内徹氏の『気まぐれ美術館』の中の「ある青春伝説」で、この絵と戦前と戦後に二度会ったときの感想を、極

めて感動的に書いています。

戦後に山本家で再会したときには「この人物のリアルさに初めて気がついた。写楽風に多少様式化されてはいるが、こういう悪めいた人相に私達はしばしば出くわしているではないか。」同時に「この顔は、明治から大正にかけての、日本人のある代表的な顔だという気がする。」と言っています。

そして、「四十五年前（戦前に）初めてこの絵を見た時、白状すると、私はこの絵をこっそり持ち出して、どこかへ隠しておきたいような衝動に駆られた。この絵が欲しくてならなかった。今はもう、まさか持ち逃げしようとまでは思わないが、その時の気持ちを思い出すことはできる。それにしても、私をそんな気にさせるこの絵の魅力は何であったろうか。この一枚の作品に込められた若い重松鶴之助の、芸術に対する無垢の信仰と、ひたすらな没入、それらがそのまま私のものとして、私の理想として私を捉えたのだとしか言っておく外はない。」と。

引用が長くなり過ぎたかもしれませんが、この絵について、これ以上のトークはないと思いますので、敢えて紹介させていただきました。

なお、閑々亭主人のモデルは湊町の下駄屋の主人だそうですが、鶴之助の父の宗五郎さんが木地屋の問屋さんですから、この下駄屋さんもお得意さんの一人だったのでしょうか。そしてその木地の木材の多くが、おそらく久万─上浮穴から下りて来たものだと考える時、重松鶴之助は久万に深い縁を持っていたのだと、だからこうして、久万で展覧会も開かれ、喜ばれているんだとも私には考えられるのです。

ところで、私は、今なお、腑に落ちにくいのが、この様な、画業の絶頂期にあって、しかも聖徳太

子奉賛展出品という社会的評価の中にあって、重松は、池内と白川と三人揃って突如、松山に帰ってきて、おでん屋を始めるのです。正に「よもだ」的ではないですか。

(4) 「瓢太郎」時代の松山は燃えていた

「朱樂」を九号まで、東京で出していた頃、重松は春陽会展や聖徳太子奉賛展で大活躍でしたが、池内は愚美の名での挿し絵画家では行き詰まっていました。だから朱樂への投稿だけでなく編集の主力を担当していたのですね。

その最後の朱樂の編集後記――池内の後記が面白いのです。

「大正一五年五月三〇日午後九時二六分十一秒、五分の一

編集担当者　　朱萸山房主人　顔餃子　池野顎守　通称　顎之長者

右　立会人　　兼傍観者　兼助太刀　兼後援者　兼押さえ手　兼助手

安芸原乃那珂郡　不許複製、禁・無断脚色興行・並・遺作展覧会」

皆さん、今日のこの展覧会は、間違いなく「遺作展覧会」ではありませんか。(笑)、禁じられたら、なおやら、後輩の私たち、久万美術館も愛媛新聞社さんもよもだですから(笑)、先輩たちもよもだなたくなるのですね。(笑)

さて、松山に帰ってきた池内と重松、そして松山で松山合同労組の書記をしていた、白川晴一、彼は重松の小学校以来の親友でした。その三人が、重松の父宗五郎の出資で関東風「おでんや・瓢太郎」を、三番町の大街道との交差点の西約六十メートルの道路南側、当時の寿座、後の国技座・国際劇場、

いやシネマサンシャイン――うなずき方でお年が分かります――の向かいに開きます。

この模様を書いているのが、敷村寛治さんの『風の碑』です。その一部分は、近日発刊された『愛媛県の歴史』（山川出版社）にも、愛媛大学の矢野達雄先生によって、そのまま引用されています。

「瓢太郎は、間口が一間、奥行き二間の小さな店だが、縄のれん、菊正宗の菰樽を腰掛けにして、おでんの種も京都の平野屋から取り寄せる等、工夫をこらし、酒は一升六十銭から七十銭の時代に、一円十銭もする白鹿しか置かず、「舌代」は和紙に万作の毛筆手書きで、上段青文字、下段朱文字という凝り様。服装も三人が揃いの法被に、浅黄の股引き、紺の足袋、手ぬぐいをねじって向こう鉢巻きという粋なもの、お客が来ると「いらっしゃいまし」、帰りには「有難う存じます」と威勢良く挨拶した。」というあり様。

料理の包丁は専ら池内が振るい、あとの二人は店の中を走り回ったといいます。一時、店は繁盛しますが、次第に、難しくなったようです。

店の二階に寝起きする三人の内、白川は、外のことで、めっちゃ忙しくなります。

実は、この、大正から昭和への移り目の頃、松山は丁度、民衆の運動の、かつてない盛り上がりの中にありました。

「瓢太郎」の店開きは、大正一五年一〇月。その翌月、一一月一四日、当時の松山の「最高学府」――官立高等学校の全生徒が、城山に登ってストライキに入ります。それまでの土佐出身の自由主義的由井校長と三並良（はじめ）教頭――この人は、子規の従兄弟半で、子規と兄弟のように育てられた、キリスト教社会主義者的な人ですが――この二人らが代表し

ていた、自由主義的校風を「改革」する為に、文部省から派遣されてきた橋本捨二郎新校長の某生徒

への処分に抗議してのストでした。

東大、京大などの先輩の支援の外、大街道の新栄座での市民集会では、市内七社の新聞代表等が演

説、三千人が学生支援決議を行うなど市民的広がりを見せていました。

そして香月知事と当時北予中学校長の秋山好古将軍が調停に立ちます。秋山将軍は、久松定謨旧藩

主がパリの軍官学校（士官学校）に入った為、その付き添いで大尉になっていましたが、軍官学校の

聴講生で六年間パリで暮らし、その時、フランス革命等についても勉強しています。

だから、生徒の先輩の東大・京大の代表が「処分をしないで貰いたい」と陳情したのに対して「君

らはなんのために闘っているのだ？」と質問します。学生が「自由と正義の為であります」と答える

と、秋山は「自由と正義の為に闘うものが、犠牲を恐れるというのはわしには分からん」等と言いな

がら、処分はしない調停を出します。

こうして学生有利に解決、一二月四日に十八日間のストを解きます。後から振り返って調べても、

全国的にも稀な学生の勝利でした。

当時二年乙のクラス委員だった宮本顕治生徒も、その思い出を熱く記しています。

その学生のエネルギーが飛び火したのか、翌昭和二年（私の生まれた年）の一月には、やはり三番

町の新聞配達請負業の間島新聞の配達少年たちのストが、船田操女史の調停で勝利すれば、さらに二

月には、当時四国最大の紡績工場、市内三津口の倉敷紡績八百人の労働者がストに立ち上がります。

そして、四月三日の国鉄松山駅開業、一〇日から練兵場での博覧会に続いて、五月一日には松山で

歴史上初のメーデーが行われ、昼の行進は国鉄駅前から五十人の参加者に、五十人の警官がついての行進でしたが、夜の古町遊喜座の集会は、約五百人が集まったといいます。

尚、倉紡の報告集会には、五千人位が再三集まったという記録もあります。この様な、労働運動の指導をしていたのが、白川晴一ですから、瓢太郎の店が影響を受けない筈はありません。瓢太郎は昭和二年の六月頃、店を閉じねばなりませんでした。

やはり「侍の商法」と言うべきで、青年芸術家とストライキマンには、経営の維持は無理だったのでしょう。

だが、この頃の松山の、なんと進歩的なこと、その後、保守の本拠のように言われたり、市民自身もそう思ったりしていますが、大正から昭和への移り目の松山は、むしろ革新的に燃えていたのです。

この頃、スト前後の松山高校の中では、進歩的生徒によって、進歩的文学雑誌「白亜紀」が六号に渡って、発刊され、全国的にも注目されていました。

中心的な同人は、平田陽一郎、大野盛直、そして宮本顕治などで、宮本の「敗北の文学」の下原稿は「白亜紀」に載ったのです。

この頃、宮本が手紙等で指導を受けていたのが、片上伸・早稲田大学第三代文学部長、日本にプロレタリア文学を最初に伝えた人。この片上伸は松山中学明治三三年卒の八期生で、松高ストの年の夏、松山で講演し、それが宮本とのつながりの始めのようです。この「白亜紀」は「楽天」と違って、松山印刷社で刷られていましたが、この二つの雑誌が、この時代に、やや時間はずれても、同じ松山から発信されていた意義は、日本の文化史の上でも、見落とせない事ではないでしょうか。

「瓢太郎」の閉店と倉紡争議の敗北の打撃を嚙み締めながら、三人は新しい出発をします。池内は、その頃「忠次旅日記」三部作で、二部の「信州編」のベストワンを始め、多くの作品を出して、監督として、注目の高まっていた伊藤大輔を頼って、京都に行き、やがて「花火」の脚本書きから、映画人伊丹万作になっていきます。

この二人の映画人について、ちょっと小型解説をここに入れますと、伊藤大輔は、日本映画史の中で、無声映画時代の代表的監督と言ってよい様です。「目玉の松ちゃん」的な活動写真に「芸術性を与えた」監督といわれます。勿論大衆性とともにですが。

また当時「傾向映画」といわれた「左翼的映画」を日本で最初に撮ったのが伊藤です。今年の春、東京の映画記念事業で、伊藤監督の「斬人斬馬剣」が再映されて話題になったそうです。その中身は、百姓一揆の百姓方についた月形龍之助扮する剣士が領主方の剣士と切り結んで、相手を圧倒しつつ「御前は何のために闘うのだ」と聞くと相手は「飯の為だ」と、そこで「飯は何で作る」と聞く。「米だ」「米は誰が作る」と強く迫ると、相手剣士が、「分かった」と寝替えって百姓側に付くという単純明快なもの。

これが我が国の「傾向映画」＝左翼映画の草分けです。

また、映写機を走らせながら、撮影する等の、新技術を取り入れるのにも大胆で、「移動大好き（イドウダイスキ）」監督と言われたりもしています。

また、大河内伝二郎を始め戦後は中村（萬屋）錦之助や市川雷蔵などのスターを育てる上でも、高い評価を得ています。生涯の監督映画は戦前戦後を含め九十一本、因みに黒沢明は三十本。伊藤は量

でも正に巨匠です。

一方、伊丹万作は「映画に知性の閃き」を与えた点で、戦前作家の中では高い評価を得ています。

今日この後、上映される「赤西蠣太」はその代表作ですが、作家の中でも風格の高い、志賀直哉の作品の映画化を試みたのは伊丹だけ。伊丹は戦後間もなく、昭和二一年に亡くなりますが、その後出版された『伊丹万作全集三巻』の監修者は四人。北川冬彦、中野重治、そして伊藤大輔とともに志賀直哉が加わっています。この異例さは、志賀の伊丹への信頼を示しています。

「楽天」時代から、優れた画才を早く見せながら、文筆家として思索的評論での強さを発揮してきましたが、その特徴をますます強めていきます。戦後の「戦争責任者の問題」（全集第三巻）はその代表的評論でしょう。

「無法松の一生」（稲垣博監督）などの優れた脚本も提供していますが、自分の監督した作品は全て、脚本から全て自作の物だそうです。

伊丹と同じように全て脚本から製作する監督が、ほかに二人、世界に居たとある物で読みました。フランス映画の黄金時代のルネ・クレール＝「パリの屋根の下」の監督と、もう一人は、アメリカのチャップリン＝「モダン・タイムス」の監督の二人です。

正に世界的巨匠の一人として、始めから終いまでの製作にこだわる──これこそ「よもだ」の鏡でしょうね。

今回の特別展の図録の十五ページで、映画史が専門の佐伯知紀さんの「二つの墓」という文章で、この二人の墓の事を書いておられます。伊藤の墓は京都にあり、伊丹の墓は、松山から砥部に入る西

側の岡の理正院というお寺の墓地に十三さんとともに眠っています。

そして、佐伯さんは「この二人が同じ中学で出会い「楽天」の同人となり、ともに日本映画史に名前を刻み込んでいるのは、愛媛的視点からは疑う余地のないところだろうが、映画史家としては、ほとんど奇跡の様な偶然的の所産としか思えないのである。」と書いておられるのです。

そうなのです。愛媛人にはナントもなくても専門家的視点では奇跡なのです。この二人に、二人に縁も深い「楽天」同人候補の様だった「山本薩夫」を加えると、奇跡の深度はさらに深まりそうです。

中村草田男先輩については、俳句王国の皆さんには説明は必要ないでしょうが、虚子の勧めで東大俳句会に、そして、同郷の石田波郷、篠原梵などとともに「人間探求派」とよばれ「常緑」を出して、ホトトギスには文学性の不足を、振興俳句には俳句性の不足を批判して「堅実な前衛」をめざしたのには「楽天」以来の歩みが反映しているのでしょうか。特に、彼に思想的な影響を深く与えたのが、伊丹万作と、中村の従兄弟の三土興三（ニイチェ信奉者――二十六才で鉄道自殺）の二人とされていますが、伊丹を「恩友」と信頼していたことは、先日、弓子教授が詳しくおっしゃっていました。

その句は、皆「詩人草田男と思想家草田男の格闘の句」という説明にもうなずけます。病気がちで、松中を八年、東大を八年かかっています。松高だけは三年だけで出ていますが、親戚の先輩から「おまえは病気ばかりしていて、腐ったような男だな」と言われたのを、そのまま「草田男」の俳号にしたのは、やはり「よもだ」の侍です。

(5) 革命家・反戦活動家としての重松

瓢太郎を閉じて、三人は、落胆を分かち合いながら、松山を立って、新しい形でのそれぞれの道を探ります。

池内は、病を癒しつつ、京都の伊藤大輔を頼り、伊藤の援助で、後には自ら監督することにもなった「花火」の脚本書きから、伊丹は生涯の働き場所を映画界に切り開いていきます。それまでの池内愚美としての絵画美術家の側面と、並み並みならぬ文学的思索青年としての側面が、総合芸術的表現としての映画の中で、統一して開花していきます。

一方、白川晴一は、東京に出て、産業労働調査所に入り、労働運動家として、地道だが本格的な活動に入っていきます。

重松は山本勝巳一家などに世話を掛けながら、絵も描きつつ、白川、そしてその繋がりから岩田などの活動の手助けに、次第に入っていったと考えられます。

当時は、その様な、革新的労働運動は、大正一四（一九二五）年四月に公布された、弾圧法――治安維持法の発動によって、極めて大きい困難の中にありました。

一九二五年秋の京都学連事件で、松高卒の岩田義道などを適用第一号とした、この弾圧法は、昭和三（一九二八）年三月一五日、いわゆる三・一五事件で、日本共産党員と見なした者、一六六〇人を逮捕し、その七月には、同法違反罰を死刑にまで重く改悪し、さらにその翌、昭和四（一九二九）年四月には、四・一六事件で、さらに千人以上を逮捕します。岩田などが再び捕まり、その援助に、白川が、貧窮と結核など病気をおして苦闘しているのを見て、重松は、芸術家らしい社会への洞察と正義感から救援の活動を強め、その中で自らも、労働運動の道に次第に入っていったと考えられます。

そして昭和六（一九三一）年、九月一八日に「満州事変」が軍部の策動で始められ、十五年戦争

——アジア・太平洋戦争という大きな悲劇に突入していきます。事変の二ヶ月前に、新聞赤旗に「侵略戦争の策謀と闘え」という主張を書いたのが、当時、日本共産党宣伝部長だった岩田義道（松高二期）でした。

この年、重松鶴之助は白川と共に日本共産党に入ります。同じ年に、柳瀬正夢も、そして、宮本顕治（松高七期）も入党しています。戦争に反対する志からここに集まっていきます。

入党した重松は、太田などの工場への働きかけ等から、先の東京市委員会の活動に関わり、新宿駅周辺での、反戦ビラの配布等をしたようです。

そして、昭和七年の一一月、岩田が西神田警察署で拷問・虐殺されます。その七十周年祭を、昨年、私達はしました。続いて、昭和八（一九三三）年二月には、小林多喜二が虐殺され、その年の夏、重松は関西に派遣され、関西地方の責任者の任につきます。

当時の非公然活動は、記録は本来残しませんから、重松の足跡は定かではありませんが、戦後、私も六〇年代頃、活動を共にした事もある平葦信行さんが「兵庫民報」に「一九三〇年代・共産党員の記録、よし嵐は吹きすさぶとも」の題で書いた手記では、神戸須磨の妙法寺川の河口近くで連絡をとった党関西責任者の重松は、黒く痩せた顔で「これからは何度も会う様になるね」等と言ったこと。

その指導の下で、平葦さんなんかがやった活動が、姫路の陸軍師団の出征兵士に「餞別」と書いた包みに「反戦ビラ」を入れて、絽の羽織などを着て、兵士の家族を装って、一五〇部も手渡しに成功したことだったこと等が書かれて居ます。

その様な活動の後、間も無く、重松自身が、昭和八年一一月三〇日に逮捕されます。当然、拷問を含め、厳しい取り調べを受けたことでしょう。重松の逮捕の直接の要因は、この様な「戦争反対」の反戦活動にあったのです。

この年、「楽天」の盟友の一人、中村草田男は次の句を詠んでいます。

「軍隊の近付く音や秋風裡」。正に不気味な足音が、日本国民に、アジアの人達に、近付いていたのです。こうして、重松は、堺刑務所で五年の歳月を過ごさねばなりませんでした。

(6) 獄中「自殺」をどう見る?

一九三三年の逮捕と同じ、五年後の一一月三〇日、出所の当日、重松鶴之助は、獄の三階から中庭に身を躍らせて、自殺します。

権力に因る殺人説などもありましたが、直接には自殺であることは間違いない様です。その要因としては、謎は残りますが、摘発されたスパイ大泉の「重松もスパイ」という拡乱発言と、それを真受けした袴田里見の検事への証言を、誰かが重松に伝えるという権力側の策略に主な要因を見る見方が、今では有力です。

例えば、前記の山本薩夫の『私の映画人生』(新日本出版社)でもその見方をとっています。私もその見方を否定出来ません。

その文で、山本薩夫は、「鶴さんは早く出て絵を描きたかったろう」といっていますが、正に同感です。

なお、謎の残る「自殺」ですが、中村草田男から重松の自殺を聞いた伊丹万作が、しばらくして「わがままなやつじゃったなー」と一言漏らしたそうですが、その「わがまま」は、一つは、お互いに、第一義的芸術を目指すことを、みんなの心に火を付けた重松が、その芸術を置いて革命運動に入り、にはその運動からも自殺で去ったことへの残念さが、深い親愛の情とともに、表現されている様に私には思えます。

また、同じ画家の道を歩みながら、やはり松山出身の柳瀬正夢が、労農運動に絵の才能を活用したのに対して、重松は、絵を捨てて、党活動に専念したのはなぜかという問題があります。それは、主には、読売新聞に勤めながら、大衆運動分野で働いた柳瀬と、党組織活動の中心近くにいた重松との、活動分野の違いによるものと思います。

だが、絵画芸術の追究のあり方での違いにも有るのでないかという見方も否定出来ない様にも思えます。中村草田男が「伊丹の思い出」の中で書いているように、かつて、「楽天」グループの、松山での、第二期交流の頃に、重松が「レオナルドやミケランジェロ以上のものに成り得ないと分かったら即刻自殺してしまう」と語ったことがあるような「第一義的芸術」の追求の「純情」な鬼であったことを思わない訳にはいきません。

そして、重松が最も尊敬した画家がゴッホであったこと、そして山本に「ぜひ読め」と言ったのが有島武郎であったこと。この二人、ゴッホも有島も、ともに自殺で生涯を閉じたこと等にも、つい思いを巡らすのです。

だが、彼を自殺に追いやった最大のものは、日本とアジアを戦争に追い込むために、治安維持法な

どの残忍・卑劣な謀略を含めた暗黒政治に有ったことは間違いないのではないでしょうか。

また、やや私事ですが、私が、今、治安維持法犠牲者国家賠償要求同盟の愛媛の会長をさせていただき、この問題の歴史的解決と、犠牲者たちの顕彰活動に取り組ませていただいておりますのも、重松の様な、優れた先輩が、少なくないからであります。

(7) それぞれの道進みながら、深め合う「楽天」の友情

さて、戦後、七〇年代に伊藤大輔を尋ねた敷村寛治君は、伊藤が楽天の仲間たちとの友情を語った中で「僕は『素浪人忠弥』の中に、白川や重松の分身を幾つも作っている」と話しています。敷村君の『風の碑』の中です。

いわゆる慶安事件——一六五一年の由井正雪の乱は、徳川幕府が三代家光の時代を経て、支配の安定期に入り、溢れた大量の武士、一方では慶安お触れ書きで、お茶飲むことも規制された百姓の不満等を代表する幕府転覆運動でしょうが、由井と呼応して立ち上がった丸橋忠弥やその仲間達に、白川・重松の分身を配したと伊藤大輔が語っているのです。

更に、この映画の製作時期が、重松が運動に入っていった昭和五（一九三〇）年と重なっています。

日本最初の傾向映画を作った伊藤の重松達への激励作品というべきです。

そして、伊丹は、先の「わがままなやつだったなー」の他に、戦後の映画人の戦争責任を論じた文の中で「自分は戦争協力の映画は作らなかったが、それ以上のことはしなかった」と自己分析した上で、「戦争はだます者とだまされる者の、両方がいなければ成立しない」と指摘して、深い反響を呼

びますが、その様な、厳しい自己分析のあり様に、重松達の苦闘への思いが潜んでいる様に、私は考えるのです。「わがまま」に我が道を突っ走ったとも考えれる正に「大よもだ」の重松たちへの、彼とは異なった道を歩んでいた、伊藤、伊丹、中村達の熱く重い友情に、よもだの後輩の私達は、改めて感動しない訳にはいきません。

⑻「よもだ」とは？　その創造力とは？

さて、この美術展のサブ、いやメインタイトルかも知れません。それは、「よもだの創造力」となっています。「よもだ」とは何か、その創造力とはなにかについて、私もよもだ論に及ばず乍ら加わりたいと存じます。

実は、私のポスターとビラの肩書きは「愛媛の文化・進歩を考える会」になっていますが、この会の本当の名称は、実は「文弱・よもだの会」というのです。

「文弱」というのは、冒頭に申したいきさつの通りですが、よもだの会として、もう足掛け四年程になります。「よもだ」にこだわっているのです。会の名にする位ですから「よもだ」を悪いものとは考えていません。むしろ、伊予人のやや複雑だが「優れた気質」を表現する言葉だと、密かに誇っています。

その点、この展覧会図録の冒頭の、子規記念博物館の天野佑吉館長の「よもだの神々」は立派だと考えています。「反骨をユーモアのオブラートで包んだ」とは流石です。

同時に、中村草田男さんの「分かっているが、バイタリティ不足、だがあきらめない」「柔軟で強

迅な」「金輪際諦めない」態度という説明にも、文学者としての深い解釈としてうなずけます。

また、天野氏が正岡子規を「よもだ」の原型としている事には、「その通り」と大賛成ですが、私は、子規が、友人の一人に「四方田」君の名を与えているのにも特別に注目しています。

そして、よもだとは、誰か上の人が、偉い人が指す一方の、田だけでなく、四方の、回りの田を、全面的に、見渡してから、やおら水利の道を考えて動き出す、そのために、ちょっと、間をおく、余裕を持って対処する、態度の様にも考えられます。

大江健三郎氏は、近日ある新聞での談話で、愛媛人が発言の終わりに使う「が」について語っています。人の意見を聞いて、それを否定せず肯定しながら、語尾に「が」を付けるのです。「それはそうだが」の「が」です。私は、それを「ほうよ、ほうよ、ほやけんど」思考方法と名付けたいのです。

土佐の「いごっそ」が、正面から「まっこと、いかんぜよ」と反骨を顕にし、「たか―でたまるもんかねや」と強調して反抗するのに対して、いろんな主張や説に対して、正面からは否定しないが、簡単には心服しないで、間をとって多面的に検討して、自分の考えの自由を確保した上で判断し対処する。

その思考の自由が、創造力を生む。単純化すれば、そういう気質ではないでしょうか。

いや、私自身判らなくなりました。これこそ「よもだ」でしょう。（笑）

とにかく、「よもだ」とは、時には、いや再三ふざけている様にも見え、対応は柔軟だが、実はなかなか自分の「第一義的なもの」を強迅に、粘り強く貫く、したたかな、態度―そうです。「閑々亭主人」の風貌の様な、「でろりとした」生き方ではないでしょうか。

「楽天」の先輩たちは、正に「よもだ」ばかり、それぞれの道を様々な障害を越えて、それぞれ進みました。その点では強迅でした。

「真っ直ぐ行けと白痴が指しぬ秋の道」中村草田男の昭和二九年期の句です。ここで、「白痴」とは自分自身を指すという解説も見ました。

楽天の先輩たちは、近代日本の暗黒期に、皆それぞれの道を、したたかに、よもだに歩き抜いて、今、一番若死にした鶴さんの先導で、「奥松山」の久万に帰ってきました。

その青春と友情は、その余韻は、今なお、若々しさを保っています。

概して、「大正デモクラシー、大正ヒューマニズム、リベラリズム、が無かったら、戦後民主々義の定着はなかったろう」という論は、正しいのではないでしょうか。

主権在民や反戦平和もこの時代に、萌芽を出し、それが、戦後、広く定着しています。

「楽天」の先輩たちの──さらに水野広徳、井上正夫、丸山定夫、柳瀬正夢等も含めた──この時代の先進的苦闘が、戦後の、そして、二十一世紀の今日の私達の努力をも、根底で支えてくれている部分が有るのです。

戦後定着した、主権在民や反戦平和を引き剥がす「音」も聞こえるとき、私達は、定着したものを貫く思いを、新たにしたいものです。

旧制・松山高校の正門にある記念碑のことば、やはり中村草田男の「青春・友情・希望、ここに存在せし一切のものの不滅を信ず」は、当時の松高生活への献詩ですが、同時にそのまま、「楽天」の

仲間たちへの賛歌としても、私達の胸に今なお響いています。したたかに、強迅に！
以上で私の「よもだ」なトークを閉じさせていただきます。有難うございました。

二〇〇三年一月一日　久万美術館
「生誕一〇〇年重松鶴之助　よもだの想像力」ギャラリートーク

4 松中詩人・片上伸

——早稲田大学文学部長・「プロレタリア文学」評論家へ——

早稲田大学文学部長としては、初代坪内逍遥、二代目島村抱月に続く、第三代部長を務め「明治末期から昭和初期にかけて日本文壇の権威的評論家」とも言われ、ロマンチシズム、リアリズムから、遂には、プロレタリア文学評論の先駆的推進者となった片上伸は、明治三三（一九〇〇）年、松山中学（八期）卒である。（一期上に桜井忠温、下に安倍能成がいる。）

明治「松中三秀才の一人」、早熟の詩人生徒

明治一七（一八八四）年二月、越智郡波止浜村樋口（現今治市）の庄屋の家に生まれた片上は、明治末から大正にかけて、秋山眞之、菅菊太郎（農学者）とともに、「松中三秀才」と呼ばれていたという。

在学中から、文学を好み、特に新体詩をよくし、松中詩人として、雑誌「新声」に天弦の号で投稿していたが、坪内逍遥等のいる早稲田専門学校（後に早稲田大学）に進む。

この頃、家運がやや傾き、一時、小学校教師をしていた事もあったが、再び早稲田に学び、逍遥の指導を受けながら、片や、島村抱月主宰の「早稲田文学記者」（月手当十五円）も務め、明治四〇年四月、早稲田大学予科講師を経て、明治四三年、結婚し本科教授となる。この頃、芸術至上主義への理解を示すようになったという。

後（昭和一三〜四年頃）に発刊された『片上伸全集三巻』の編集者・谷崎精二は、「批評家」とし
ての片上の活動を三期に分けて紹介する中で、明治四二年頃の初期は、所謂自然主義運動の擁護者と
して現れたが、それは当時の日本文学界では「実は一種のロマンチシズムの提唱」であり、片上の青
年時代の著作には「唯物論、科学的なナチュラリズムの主張」より、寧ろ「清純幽玄なロマンチシズ
ムの匂いを嗅ぐことが出来る」としている。

片上は、評論集『生の要求と文学』や、ドストエフスキーの『死人の家』の翻訳、『ドン・キホーテ』、
エスマン『自然論』等を次々に出版し、文壇での注目を広げる。

ロシア文学研究で訪露・留学中、モスクワで十月革命に

そして、大正四年、ロシア文学研究のため、ロシアに渡り、ペトロフグラード、モスクワの国立、
私立大学で、留学生として研究中、大正六（一九一七）年、三月からの十月革命を、目前で体験する。
ロシア社会主義革命という歴史的事件に直面した片上は、革命当時のロシア国民のあり方、様々な
革命の受け取り方等を、例えば、『ヲルガ（ボルガ）の流れ』のルポルタージュ的作品で、モスクワ
からボルガ河口アストラハンへの往復船旅の中途の多様な見聞で、リアルに探究してくれている。
大正七（一九一八）年、四月帰国し、教壇に立ちつつ、翌八年五月『ロシアの現実』（至文堂）や『思
想の勝利』（天佑社）等を出し、プロレタリア文学の紹介に務める。

それは、プロレタリア文芸評論家「片上伸」の新出発点と言える。

さらに片上は、翌九（一九二〇）年四月、文学部にロシア文学科を創設し、早稲田大学第三代文学

部長に就任する。齢三十四歳。正に「三秀才」と呼ぶに相応しい。

ところが、大正一三年六月、早稲田大学教授の職を退く（四十歳）と、再び、ロシアを訪ね、翌一四年一〇月帰国後、『無産階級文学の諸問題』等、プロレタリア文学の評論と紹介に力を尽くすのである。

「松中スト」の大正一五年秋、松山で「片上文学講演」

大正一五（一九二六）年に、片上伸は、その文学活動の出発点であった松山で文学講演を行う。その日取りまでは確認できていないが、この講演会に参加して、大きな影響を受けた当時の松高生・宮本顕治の動き等からは、夏か秋の初め、九月頃の様に思える。松山はその秋の一一月四日から一二月一日迄の「松高スト」で大騒ぎしていた頃で、このストに二年文甲の委員として参加する宮本は、その前に、片上の講演を聞いたのだろうと思う。

片上がプロレタリア文学の意義を語り、宮本が強いインパクトを受けたことは、翌昭和二（一九二七）年六月から一一月の間の、片上の宮本宛の三通の手紙という、残された資料からも推察できる。

宮本は、片上の松山講演での接触の後、高野山に来ていた片上を訪ね、自分達の同人誌「白亜紀」を送って指導を乞い、片上の勧めが、宮本上京の一要因にもなったようである。

昭和三（一九二八）年春、宮本が東大経済学部に進むため上京する直前の三月五日に、片上は、脳溢血で急逝（四十四歳）したので、二人の再会は不可能となる。

時は、今日でも日本プロレタリア文学を代表する小林多喜二が小説の題にもした「一九二八年三月一五日」（治安維持法による最初の大弾圧の日）と同じ月の事であった。

日本の近代文学を、鋭い評論で照らし続けた片上伸の急逝に、我が国の「暗黒時代の到来」を、予感した者も居たかもしれない。

宮本「敗北の文学（芥川論）」の次作に「過渡時代の道標——片上伸論」

片上から大きなインパクトを受けた宮本は、上京の翌・昭和四年、雑誌「改造」の懸賞論文で「敗北の文学」芥川龍之介論で一等入選したことは、広く知られているが、その次に、翌年、雑誌「世界の動き」創刊号と二号に連載したのが「過渡時代の道標——片上伸」論であった。

それは、急逝した片上の評論活動の意義を明らかにしようとしたもので、片上理論が「過渡時代の制約」の中で果たした「道標」的先駆性を示そうとしたものであった。

片上伸の活動は、余りにも早過ぎた急逝で断たれるが、その「文学評論活動」は多くの出版物として残され、中でも昭和一三年から子息を編者に上野の砂子屋書房から出された『片上伸全集三巻』は貴重である。

また、戦後、新日本出版社は、日本プロレタリア評論集の第二巻に『片上伸集』を出し、戦時中に発刊が難しかった『思想の勝利』等も掲載して、プロレタリア文学評論の先駆者としての片上の存在意義を明らかにしている。

そして、二十一世紀の今、既に遥かな歴史的所産とする向きもあった、日本プロレタリア文学の、

多喜二の『蟹工船』等が、「新自由主義」とグローバル金融の矛盾と破綻と「格差・貧困」の新たな広がりの中で、若者の中等で、思わぬ「照り返し」を受けている。

それは、今日の世界が、今も巨大な「過渡時代」にあることを示すものであるが、片上伸先輩が、今日の我々にも、何らかの「道標」を指し示してくれるのではは無かろうか？

同窓諸氏の、ご探求の程を期待する。

片上　伸・概略年譜 　　（主に昭和一四年、砂子屋書房発行全集二巻に掲載の年譜等から）

明治二〇（一八八七）年二月二〇日　越智郡波止浜村（現今治市）の庄屋に生まれ弟妹八人、地域にキリスト教の影響強く、母方の祖父などその懐抱者と。

明治二三年　一家を上げて松山に移り、外側小学校へ。

同　二八年　愛媛県尋常中学校（松山中学）に入学。年齢の戸籍を細工して。当時、夏目漱石教鞭を執るも、上級生担当で、授業受けず。詩作を熱心に。

同　三三年　中学卒後、四月上京、農学者菅菊太郎の家に同居、早稲田専門学校へ入るも一〇月脚気で休学・帰省。多度津小で教鞭を執る。雑誌「新声」に「天弦」の号で詩作を盛んに投稿。家運傾き会報編集等で苦労。

同　三五年　四月、改めて早稲田大学文化予科に入学、坪内逍遥等に教えを受け、同級生相馬御風等と「如月会」をつくる。

同　三九年　島村抱月の下、「早稲田文学」の記者となり、七月大学卒、翌年四月大学予科講師となる（二十歳）。

同　四二年　二月朝子と結婚。早稲田大学本科教授になる（二十三歳）。

大正　二（一九一三）年　評論集『生の要求と文学』を出版。翌三年ドストエフスキー『死人の家』を翻訳・出版。四年『ドン・キホーテ』、エスマン『自然論』訳等出版。

同　四年　一〇月、早稲田大学留学生としてロシアへ。ペテログラード、モスクワの国立、市立大学でロシア文学研究。

同　六年　ロシア革命勃発しこれを目撃体験する。翌七年四月帰国、直ちに教壇へ。

同　八年　『ロシアの現実』『思想の勝利』『草の芽』を次々出版。

同　九年　ロシア文学科新設。主任教授に、続いて文学部長に（第三代・三十三歳）。

同　一三年　早稲田教授の職を退き、再びロシアへ、革命後のロシアを深撮。

同　一四年　一〇月帰国。プロレタリア文学評論家に専念。

同　一五年　九月頃、松山で文学講演、松高生宮本顕治との交流始まる。

昭和　三（一九二八）年二月　偏頭痛で入院。三月五日、脳溢血で死去（四十一歳）。

5 宮本顕治さんと松山

186

日本人の名誉を救った

日本共産党元議長の宮本顕治さんが、今年六月一八日に、九十八才の生涯を閉じられました。訃報は、私等に、特別の想いをもたらします。

敗戦の翌年の夏、松山市庁ホールで、宮本さんの戦後初の講演を聞き、翌日大街道の書店でエンゲルスの『空想から科学の社会主義へ』の十円の文庫本を求めて読んだのが十九才の「敗戦学兵」から「戦後の青年」への私自身の転換点となったこともあったからです。

時に、評論家・加藤周一氏は宮本さんの反戦不屈の生涯を「日本人の名誉を救うもの」と評されました。また、日本共産党の自主独立路線確定への役割も巨大です。

この宮本さんの青年期は松山にありました。

宮本顕治

柔道で来て文学と社研へ

宮本さんは、山口県の光市の出身、徳山中学から、柔道の選手としてスカウトされ、松山高校文科に進みます。大正一四（一九二五）年春です。

県ジュニア柔道選手権者になったりしましたが、体調の故もあって、柔道から離れ「中学時代からの文学への情熱は」「社会科学の研究と共に、松高時代の後半、私をプロレタリア文学運動に駆りたてた」（松高記念誌「松山断想」）と記しています。

そして、二年生の秋——大正一五年一一月、松高史に残る「松高ストライキ」——文部省派遣の橋本捨次郎校長排斥の全校ストライキ——に、二年文甲代表の委員として参加して活動します。

軍国主義への抵抗としての松高ストの委員に

大正八（一九一九）年創立の松山高校は、土佐出身の由比質校長と三並良教頭（子規の従兄弟半で親友）等によって「松高自由主義」的校風を作っていました。

例えば、二期生には、後に日本共産党宣伝局長として、〝満州事変〟の前に「赤旗」に「帝国主義的侵略に反対」の主張を掲載し、特高警察に虐殺された岩田義道等もいましたが、「自由」な校風のもと岩田はYMCAや社会科学研究会をリードする一方、野球部応援団長も引き受け、尺八にも熱心、寮歌の作詞等で青春を謳歌しています。

新任の橋本校長は、欠席処分などの改悪や研究活動への干渉など「自由な校風」への締めつけを強めてきました。

これに対して、一一月二、三日、城山で生徒大会を連続開催して、一五日から、「橋本校長排斥」のストライキに入ります。

市民大会もスト支持に

五百の生徒の団結は強く、東京・京都の大学の先輩の応援を受けながらよく闘い、一一日に大街道の新栄座で行われた、新聞七社共同主催の市民大会では、「校風擁護と橋本校長排斥」が決議される等、市民の支持も広がって行きました。

香月知事の要請で「調停」を引き受けたのは秋山好古北予中学校長（陸軍大将）でしたが、「校風擁護」と「犠牲者なし」で二月一日、十八日間のストは生徒側の主張を認めて終結しました。だが、橋本校長は居座り、その解決は翌昭和二年に残されます。

生徒大会の議長に

十八日間のストで「校風＝松高自由主義」擁護に勝利したはずなのに、排斥された橋本校長はまだ居座っていました。背後の文部省の支援があったのでしょう。

これに対し、生徒は再び立ち上がり、六月生徒大会を再開、再び「橋本校長排斥」を議決します。

遂に、八月末、橋本校長は転勤して行き、生徒側の勝利は確定します。

この昭和二年六月の再開生徒大会の議長を勤めたのが三年生になった宮本さんでした。「おお、ここで議長やったんだ」と懐かしそうに旧制松高の講堂（愛大持田校舎に現存）の中を覗き込みながら、案内していた私に叫ばれたのを鮮烈に覚えています。

白石対湯山の知事選の応援に来られた一九七一年のことでした。

「白亜期」と片山伸

前述したように、柔道から文学と社会科学研究に情熱を移していた宮本さんは、友人達と語らい「白亜期」と名づけた雑誌を発行し、プロレタリア文学研究に力点を置いていきます。

その編集室と社会科学研究会は、今の昭和町上一万寄りの民家の二階にありました。

「松高スト」の少し前の九月頃、松山で文学評論家・片上伸の文学講演会があり、宮本松高生は参加します。

片上は、松山中学卒（明治三一）で、「松中三秀才」と言われた一人。早稲田大学第三代文学部長。リアリズム文学研究でロシアに滞在中、大改革を目前で見て、以来「プロレタリア文学」の紹介を熱心に行います。

過渡時代の道標に

片上に「白亜期」を送り、高野山に訪ねて助言を受け、東京に出て来る様に勧められます。東大に合格し昭和三年春、宮本さんの上京の直前、三月五日に片上は病没して、二人の再会は果たせません。

それは、治安維持法による共産党弾圧（三・一五事件）の十日前です。

その翌年、宮本さんの「敗北の文学――芥川龍之介論」が「改造」文芸評論・懸賞論文で一等当選を果たします。芥川文学への愛着を泌ませての評論は衝撃を呼びます。

続いて執筆したのが雑誌「世界の動き」創刊号への「過渡時代の道標――片上伸論」でした。

片上を「過渡時代の人」ながら「真に新しきものを見失うことのない道標」と評価しています。

松山と宮本さんを結ぶカギの人ともいえます。

「知的青春は松山で開いた」「第二の故郷」とも

旧制松高の正門跡

前掲の「松山断想」の末尾近くに、宮本さん自身、「私の知的青春は松山で開いた」と振り返っています。続いて「柔道部、ストライキ、〝白堊期〟社研や無産者新聞の仲間たち、松山の親切な人達は、私の第二の故郷となった松山時代を豊に彩ってくれる群像となっている」でこの文を閉じています。

当時の松山は、松高ストに続いて、間島新聞、倉紡の争議もあり、戦前ではもっとも高揚した状況があり、宮本さんの下宿（「白堊期」の編集室でも）近くの路地には「無産者新聞」の支局もあって、そこを手伝ったこともあったと私に語ってもくれました。

宮本さんの意志を分かち継ぐ中に、松山への情熱をも加えて行く必要を確かめるものです。

6

松山の文学的風土

「講演」でなく、「勝手な松山案内」として

中川です。先ず、暑い中、よくぞ松山に御出で頂きました。全国からの民主文学の仲間のお顔を拝見して、子規の「漱石が来て虚子が来て大三〇日」という明治二八年末の句が浮かびます。今、真夏の土用の松山の私達も、喜び感動しております。

さて、会の案内では、「講演」となっていますが、文学の真剣な探求者の集団である、皆さんの前で、文学保育園児の私が「講演」するおこがましさは、いくら恥じ知らずの私でも、かないません。ですから「講演」等ではなく、松山の年寄りの、勝手な「松山案内」として、軽くお聞き流して戴きますよう、初めにお願いします。

ただ松山に住み、いろんな活動をしてきた者の一人として、保守的な土地柄と言われながら、明治から戦前にかけて、とりわけ文化面で先駆的、進歩的役割を演じた、少なくない人々が居たことに、関心を持たない訳にはいきませんでした。今日は、その様な人々の簡略な紹介をして、この風土の探求に、皆さんのご助言を戴ければという思いで、一人勝手な松山案内を、敢えてさして戴きます。

漱石の文学姿勢とマルクス説への評価

さて「松山の文学」と言えば、まず近代俳句革新の正岡子規と、子規の親友であり、松山を舞台の

「坊ちゃん」の作者・夏目漱石を、どなたも思い浮かべられるでしょう。

この二人は、慶応三年、つまり明治元年の前年に、共に生まれ、文学で共に活躍しますが、子規が、「写生」論を掲げて俳句革新に熱中すれば、漱石は、例えば、新日本出版社の伊豆公彦著『夏目漱石』では、「普通の人」を対象に、明治の日本に生きる人達に、いかに生きるべきかを問いかける、文芸の社会的意義を明確に自覚して、『吾が輩は猫である』『坊ちゃん』以下を世に問うたと、漱石の文学姿勢は、高く位置付けられました。

そして「社会の底辺の暗黒」を照らし出した『坑夫』さらに『三四郎』『それから』等で鋭い社会批判、文明批評を行っていますが、その端緒は十数年前、松山中学に赴任間もなく、明治二八年の校友会雑誌の「愚見総則」と言う投稿に早くも伺われます。

それには、「理想は見識より出ず、見識は学問より出ず」とした後に「世に悪人ある以上は、喧嘩は免るべからず、社会が完全にならぬ間は、不平騒動なかるべからず。無事平穏は御目出度に相違無きも、時として憂うべき現象なり」等と指摘し、社会の歪みに対する「坊ちゃん」的「不平騒動」への期待と同情を早くも沁じませているのです。

その六年後、漱石は、ロンドンに留学して蜘の糸の様に張り巡らされた鉄道や地下鉄等の近代文明に圧倒されながら、煤煙のひどさとともに「貧富の差の大きさ」を欧州文明の失敗の基と指摘し「マルクスの説が出てくるのも当然」としたのです。

それは、明治三五（一九〇二）年、義父中根重一への書簡で「日英同盟」締結に当時の日本が浮かれているのを、「恰も貧人が富家と縁組みを取結びたる嬉しさの余り鐘太鼓を叩きて村中駆け回るよ

194

うにも候わん」と批判し「財産の不平均は国歩の艱難を生ずる虞あるのみと存じ候う」とした後「欧州今日文明の失敗は明らかに貧富の懸隔甚しきに基因致候。此不平均は幾多有為の人材を年々餓死せしめ凍死せしめ若しくは無教育に終わらしめ、却って平凡なる金持ちをして愚なる主張を実行せしめる傾きなくしきやと存じ候う」と指摘し、続いて「カール・マルクスの所論の如きは純粋の理屈としても欠点有之べくとは存じ候えども、今日の世界にこの説出ずるは当然の事と存じ候う」と評価するのです。

尚この手紙は、幸徳秋水や片山潜の我が国でのマルクス紹介の始まる前年のようです。今日からの研究集会のテーマは、「格差・貧困・閉塞」の社会と文学を考える——だそうですが、二十世紀初頭の漱石の欧州社会批判を、「新自由主義」の下、二一世紀資本主義の諸矛盾の集中展開中の日本に移して引き継がれるのが、皆さんなのでしょうか？

この年、明治三五年九月一九日には、漱石の盟友・子規は「啖一斗へちまの水も間に合わず」亡くなり、漱石は「筒袖や秋の棺に従わず」の句で虚子宛に詫びています。

さて、この子規が、切り開いた近代俳句の担い手が、虚子、碧梧桐、極堂、草田男から山頭火に至る迄豊かな人脈を松山は容しています。種田山頭火は山口出身ですが、放浪の果て辿り着いたのが松山で、当時の松山高商、今の松山大学の高橋一句教授の家に辿り着き、汚れた格好の坊さんを先生が喜んで迎え入れるのを、いささか驚いて眺めていたのが、玄関脇の部屋で、先生の長男の同級生と遊んでいた小学校六年生の私なのです。時に昭和一四年、一九三九年一〇月の初めでした。彼は翌年の一〇月、松山で果てます。

「鉄鉢の中へも霰」等、自由律俳人山頭火は「反戦」には至らなくも、時代の「暗さ」を句に残しますが、私の寄り道はここ迄としまして、子規・漱石等に続いて松山出身者の文学活動が注目されたのが、なんと日露戦争の陸と海の二つの代表的戦記文学です。

『此一戦』の水野広徳の「反戦ジャーナリスト」への転進

戦記文学が文学かどうかも問題ですが、「陸」は旅順の激戦を、松山二十二聯隊旗手として書いた『肉弾』の作者・桜井忠温。そして「海」は「日本海海戦」を四十一号水雷艇長として描いた、『此一戦』の作者・水野広徳の二人です。松山中学では水野が四期上の二人の「戦記文学」は共に数百版以上を重ねる世界的出版物となりますが、桜井が明治天皇に拝謁の栄を受けたりする一方、水野は約十年後、『此一戦』を、自ら「軍国主義文学」「帝国主義賛美文学」だったと自省しただけでなく、「海軍大佐」を辞任、「反戦ジャーナリスト」に転身、当時の「中央公論」「改造」等に「軍備全廃」を掲げ「軍縮」「日米不戦論」「武官大臣制批判」「統帥権批判」論等を徹底して展開します。

その転身の契機は二度にわたる、訪欧によって、第一次世界大戦、近代戦争の実態を、まともに見詰めたことによるものでした。

特に、海軍大佐に昇進した翌年——大正八（一九一九）年の二度目の訪欧で、フランスのベルダンでの仏独両国が、それぞれ約五十万人の戦死者を出し、兵ばかりでなく、年寄りから子供迄の惨たらしい屍の山を見て「ベルダンや　屍十万　血万石」「血に咲くや　ベルダン城のけしの花」「夢迷う夏草しげき　壕の底」と詠み、「僕は鉄槌を以って頭を打ち砕かれ、国家のための戦争の本質とは何

か？次々に疑問を広げた」と書いて居ます。

続いて、「強国」を誇ったプロイセンの敗戦首都ベルリンの惨状を見、さらにロンドンで経験した都市空襲による一般国民の残酷甚大な被害を見て、近代兵器による戦争の実態を把握した事が、水野をして盲目的軍国主義者、帝国主義の賛美者から「人道的平和主義者」に百八十度転向させたのでした。

近代戦は兵と兵の戦いでなく、「国民と国民の皆殺し合いなり」として「戦争に勝つための努力より戦争を避ける努力こそ大切」と軍上層に頑固に進言し続けます。そして「軍縮」だけでなく「軍備撤廃」を正面から要求したのです。それは今日の憲法九条の精神の、正に端緒的、先駆的主張と言っても良いのでは――と私は思うのです。

水野のこの様な大転換の主体的要因としては、問題の『此一戦』にしても、日本側でなく、先は海戦の相手側のロシアバルチック艦隊のバルチック湾出港から三章を費やして描写するという、客観的、批判的に対処している事に私は注目しましたが、『此一戦』の発刊直後にこの特徴を、詩人大町桂月が評価していたのを、私は最近知りました。

無産階級との連帯にも前進した水野は「伊予よもだ」の典型？

さらに水野は「人道的平和主義者」に留まらず、無産階級への連帯を語り、当時の無産運動、社会主義運動そして地下に追われていた日本共産党との協力にも進みます。その実践が昭和八（一九三三）年八月の「極東平和友の会」の発起人になり、参加して、最初の挨拶者となり、右翼暴漢に襲われ、

以来、治安維持法による尾行監視を受ける身となります。

この「極東平和友の会」は当時の地下の日本共産党が、藤森成吉、江口渙等を軸に準備したもので
すが、藤森氏等は事前に拘束されており、結局「元海軍大佐」が冒頭挨拶をすることになったという
ことです。

松山の港三津浜で生まれましたが、一才で母、五才で父に死に別れ、兄弟ばらばらに親戚に預けら
れ、障害のある兄と暮らし、貧窮と苦難の中で成長した少年期を持つ水野が、無産階級や社会主義に
近付きやすい視点を持っていたのも理解しやすいと思います。

この水野広徳は敗戦の昭和二〇年一一月一八日に、今治の病院で亡くなります。

しかも、一人息子の公徳まで同年八月にフィリッピン戦線で戦死したことも知らない内でした。こ
うして彼の反戦運動は彼の句にあるように、その理解者を「百年の知己に待つ」べきものでした。松
山市内蓮福寺の墓には「ふりかえれば崎嶇羊腸（きく）の七十年、虫の如く生き、葉の如く枯れる」とある一
方、子規縁りの松山市内正宗寺の、水野の歌碑には「世にこびず、人におもねらず、我はただわが正
しきと思う道を歩まん」と宣言しています。

私達伊予人は、その風土的気質を、ややユーモラスなあり様を「よもだ」と呼び、土佐人の「いごっ
そ」が権力者に対して、真っ向から反骨を顕にするのに対して「よもだ」は「ほうよほうよ」と直ち
には逆らわず、だが、やがて内心深く「ほやけんど」と、やおら、しかもしぶとく反骨の信念を貫く
のを「よもだ気質」の一傾向と考えていますが、水野広徳は正に「よもだ」の典型だと私等は思って
います。

文化的風土生み出した「楽天」グループ

次に私は、戦前の松山の文化的風土の形成の上で特徴的な活動を展開した二つの学校内グループを紹介します。一つは、松山中学での、寄せ書き雑誌「楽天」グループです。

このグループのあり様の紹介を残した人が二人居ます。一人は俳人中村草田男、そして映画監督の山本薩夫――「荷車の歌」「白い巨塔」等の監督です。中村は伊丹万作全集（全三巻）の二巻の末尾に「伊丹万作の思い出」を寄せ、その中で次の様に「楽天」を紹介します。

「"楽天"は雑誌といってもガリ版さえでなく罫洋紙に各自が雑文をしたためた様です。大正に入ってのリーダーは、後の映画監督伊藤大輔で、すでに少年雑誌の投稿者の一方の雄として知られ（ライバルは大宅壮一とか）、伊丹は、伊藤を「啓蒙家」と唱え、その伊丹の雑文は校内事件や日常生活の穏やかだが、深い自己反映の文であった――と中村は紹介します。そしてこの伊藤と伊丹の二人に共通するものは、映画（活動写真）への偏向的興味であったと記しています。

後に伊藤が日本の「無声映画に芸術性与えた監督」とされ、一方伊丹が「映画に知性の閃き」を与えたとされ、やはり松山近郊出身の映画評論家佐伯知紀氏が「この二人が出身を同じくするのは松山の人には当り前でも、映画史家にとっては、奇跡の様な偶然の所産」と指摘される素因はここに始まっています。

労働争議への援助から反戦ビラの配布へも

この二人に三〜五年遅れて入ってきたのが、中村の他に山本狷吉・勝巳兄弟、重松鶴之助に白川晴一等々なのです。山本兄弟が薩夫の兄ならば、重松は画家活動を経て、後に共産党の関西責任者になります。その重松を党に手引きしたのが、若くして労働運動に入っていた白川晴一——戦後共産党の中央委員・東京都委員長等で活躍する白川晴一でした。

一方、山本薩夫は『私の映画人生』の冒頭の「影響を受けた人達」で、中村や重松が「毎日の様に遊びにきて」中村からはボッチチェリの絵をもらったり、特に重松を「鶴さん鶴さん」と呼んで兄の様に慕い、鶴さんの勧めで伊丹万作に油絵を習いに行き、向かっては伊丹を「先生」と呼び乍ら、陰では、顎の長い万作を「顎、あご」と呼んでいたそうです。また、このメンバーは一様に、白樺派等大正ヒューマニズムの影響を受け、芸術への志は高く、中でも「伊丹と重松は第一級の画家をめざして競っていた」と書いています。

この「楽天」グループは、共に芸術をめざしながら、時代の足音にも敏感でした。

白川は、地域の労働運動にすすみ、昭和二(一九二七)春には、戦前の松山の労働運動のピークともなった間島新聞争議の勝利に続く松山倉紡(八百人)の争議の指導・援助に熱中中でした。

その白川の活動を助けるためにも、伊丹と重松とが、白川とともに、おでんやを松山の中心街近く三番町に出店します。その店の名は「瓢太郎」といい関西風ではなく江戸前、東京風の店として、料理は主に伊丹が担当して、一時は評判となります。

この間の「瓢太郎」のあり様は、松山で民主文学を長く支えた、故敷村寛治君の代表作となった『風の碑』に詳しく伝えられていますので、ぜひお読み下さい。

重松鶴之助は、当時活動を共にした平蕃信行さん（後に兵庫県委員長等）の書かれた物では、姫路師団の出生兵士達に「餞別」と書いた包みに「反戦ビラ」を入れて渡す活動の指導者として、昭和八（一九三三）年一一月三〇日に逮捕され、最後は獄死します。

この年、重松の親友——中村草田男は次の句を読みます。「軍隊の近付く音や秋風裡」。

正に、前年の秋には松山高校二期生の岩田義道が、そして明けた二月には小林多喜二が虐殺され、松山出身のプロレタリヤ画家柳瀬正夢等が逮捕され、正に「暗黒時代」の足音が不気味に強く、高まって来たのでした。

自由主義校風守る　「松高スト」と雑誌「白亜紀」グループ

さて、もう一つのグループ——松山高校の「自亜紀」グループの紹介に移ります。

松山中学の楽天グループの、真剣で、いささか賑やかな活躍の頃、大正八（一九一九）年、松山高校が新設されます。土佐出身の由比校長や松山の子規の親戚の親友で、自由主義的校風が作られ、大正九年二期生として愛知から来た岩田義道は、野球部の応援団長をやり、仏教研究会とキリスト研究会の両方に所属し、そして三亜教頭の指導の下で社会科学研究会をリードし、さらに尺八も吹けば、寮歌も作詞し、宮本きくよさんという恋人も獲得します。

岩田義道が京大に進み河上肇教授の下で『資本論』研究に取り組んでいる頃、大正一四年、柔道部

のスカウトに応じて、七期生として入ってきたのが宮本顕治生徒でした。そして翌年秋には、文部省派遣の橋本校長の管理主義強化に抗して立ち上がった松高ストのクラス委員となり、生徒の団結と松山市民の支持により、北予中学校長――大将秋山好古の調停で、十八日間のストが実質勝利を勝ち取ります。所が、依然として居座りを続ける橋本校長の退陣を求める再ストを決める生徒大会の議長を勤めたことを、ご本人がやや興奮して話されるのを伺ったのが、七一年知事選に来援中の宮本さんを案内した私でした。

そして最初のストの前の一九二六年九月頃と類推されますが、松山でプロレタリア文学紹介の講演会を持ったのが、松山出身の片上伸で、それに宮本松高生は参加します。

「三秀才」片上伸――早稲田三代文学部長からプロレタリア文学の道標に

片上伸とは何者？松山中学では、水野広徳の五年後輩、楽天の原点の様な文芸活動で活発に動き、特に詩に優れ、小説も書き、明治三〇年代、秋山眞之等と共に「松中三秀才」と呼ばれ、早稲田に進んで、教授になり、坪内逍遥、島村抱月に続く第三代文学部長となり、大正時代の代表的文学評論家とも言われます。

浪漫主義から自然主義に進み、ロシア文学の研究でモスクワに居たとき一九一七年ロシア革命に直面します。さらに再度の訪露体験から、プロレタリア文学の側に移り、その紹介のため、多くの著作と評論活動を展開します。

片上のこの、一転進を「過渡時代を跡づける一個の批評家的道標を成している」と評価したのは、宮

本顕治の文学評論「過渡時代の道標」ですが、ここで、紹介するのは片上がプロレタリア文学の側に前進した諸作品の第二作、一九一九年七月の「人間に還れ」で、「労働者の問題が、単に賃銭の多少ではなく、人間らしい取扱いと、文明・文化を享受する機会と権能の獲得にある」と指摘した上での、次の様な末尾です。

「全ての生活を人間らしさの中から、人間の本性の中から、樹て直せ。一切の権威を人間らしさの中から、人間の本性の中から樹て直せ。時代はこの自然の意欲に動かされて動揺しつつある。時代の不安は、すべてこの大業を成す前の当然の且つ自然の不安である。吾等はこの時代に生きることを真に大幸（大きい幸せ）とせねばならぬ」と。

正に今日にも、今日の皆さんにも、呼びかけている様ではありませんか。

片上講演聞き宮本顕治松高生──プロレタリア文学評論家に

先に述べた様に、松高二年の秋、宮本は片上の講演を聞き、同人雑誌「白亜紀」を片上に送り指導を受けます。尚、新日本出版社の片上集の最後は、宮本松高生への三通の手紙で終わっています。一方宮本は片上の勧めで上京を決意、東大経済学部に合格して四月始めに上京する前、三月五日に片上は脳溢血に倒れてしまいます。治安維持法による初の大弾圧三・一五の直前でした。先日東京の八〇周年集会に私も参加しました。

翌一九二九年雑誌「改造」の八月号に文芸評論一等当選に「芥川龍之介論──敗北の文学」が選ばれますが、次の評論が翌三〇年雑誌「世界の動き」に出た、先に紹介した「過渡時代の道標──片上

伸論」だったのです。

今日、芥川文学の再評価の声が高まっていますが、私は「敗北の文学」論が批判の前に先ず、芥川文学の意義と魅力の優れた紹介であることを以前から強調していましたが、「敗北の文学論」をどう再評価するのか、その点は皆さんにお任せして、私は、ここで、片上との交流が、プロレタリア文学評論家・宮本顕治の出発の支えの一つだった事を確認したいのです。そして、松山高校創立五〇年記念誌に宮本氏は「松山断想」というエッセイで「私の知的青春は、松山で開いた」とし「松山は第二の故郷」とも書いたのです。

前衛画家に新劇・新派の名優、全面講和派学者、そして大江健三郎等

さて。

松山の文学そして文化風土を語る為には、まだ多くの先輩たちが控えています。直接文学ではないですが、プロレタリア画家の柳瀬正夢と新劇の「団十郎」と言われた丸山定夫の二人が私の東雲小学校の先輩に並べば、一方新派の名優井上正夫が松山の隣の砥部町の出身で、新劇の土方与志に演劇指導を頼んで、村山知義の演出を受け、その村山の治安維持法違反裁判で、弁護側の証人に立ったりしています。

この柳瀬、丸山、井上の三人については、近年、地域での展覧会や記念祭や記念碑等の顕彰活動が、次第に活発になってきていることを喜んでいます。

また、学者では、松山の繁華街大街道で向かい同士に生まれた、安倍能成と上原専六が、講話問題で今治出身の矢内原忠雄とともに全面講和派を代表し、また「坊ちゃん漱石」が松山で最初に泊まっ

た城戸屋旅館から教育学者城戸幡太郎が出、中野好夫も道後で生まれ、ジャーナリストの畑中政春や赤い牧師・赤岩栄も近郊から出ています。

そして、戦後の、いや今日の文学界では、水野広徳顕彰に熱心な「花へんろ」等の早坂暁が、旧制中学では私の二期後輩なら、さらに、五期若い大江健三郎が、文学でも、九条を守り広げる──日本と世界の現代史の課題に対して、先駆的役割を果たしている事を、敗戦直後「戦争責任者の問題」で伊丹万作が「戦争は瞞す者と瞞される者の両者がいなければ成立しない」と厳しく指摘したのを、万作の娘婿でもある大江等の活動が引き継いでいる側面もあると私等は受け取っています。

尚、司馬遼太郎が子規と秋山兄弟を主人公に、松山の風土を紹介した『坂の上の雲』については松山市のミュージアム建設が問題となった上に、NHKのドラマが準備されており、様々な論争がありますが、その複雑さもあって、まともな論述は避けさせて戴きますが、ただ司馬の松山への思い入れには、松山人の一人として、感謝しつつも、日清・日露の戦いが、日本の側からも、民族抑圧の戦争であったという冷厳な歴史認識は、揺るがせてはならないのではないかという点の指摘だけに、ここでは留めさせて戴きます。

暗い戦時下、松山の山里に眠っていた多喜二の「色紙」

最後に、今、新しく熱いブームの中にある『蟹工船』の作者小林多喜二と松山について附言します。

「何だ。多喜二も松山にくっつけるのか」と皆さんに、呆れられそうな。勿論、多喜二は神戸迄は来て居ても、松山に来てはいません。来ていたのは──暗黒の戦時下に松山の近郊の山の中で眠って

いた、多喜二の色紙なのです。

これです。「我々の藝術は、飯の食えない人にとっての料理の本であってはならぬ」

この色紙を持っておられたのが、元愛媛大学教育学部長故唐津秀雄先生でした。私が拝見したのが

昭和四三(一九六八)年、丁度四〇年前の正月二日でした。その前年明治百年の四月、美濃部革新都

政が実現し、この愛媛でも、日本共産党が初の県議会議席を獲得しました。その翌年の正月愛媛大学

の進歩的な先生方の正月の集まりが、唐津先生のご自宅であり、私が招待されて初めて参加させて戴

いた時、唐津先生が飾っておられたのがこの色紙でした。先生はお医者さんで、金沢医専で学ばれた

昭和初期、医学研究会と称する社研に入っておられたそうです。その会にある人がカンパの為に数枚

の色紙を持ってきたそうです。「佐多稲子や中野重治のもあったけれど、今日は共産党初県議の君が来てくれたので、ここ

に飾ったんだ」と声を潜めて語られました。それは先生の、多喜二への報告だったのです。

これが忽ち赤旗などで全国に伝えられ、江口渙さんから「多喜二に間違いない」との言葉も戴いた

り、毎年の赤旗祭りの広告宣伝で愛媛の物産に「愛媛みかん」や五葉松とともに「多喜二の色紙」が

載り、唐津先生から「中川さん、多喜二の色紙はいつから愛媛の物産になったの?」と皮肉られた事

もありました。

多喜二の色紙は全国でもこれ以外にはないとか、この色紙は一九三一年一一月一〇日に清烈な筆使

いで書かれていますが、この月は多喜二が、志賀直哉を奈良の自宅に訪ねた月ですね。最初の交流だ

けで「プロレタリア作家への僕の偏見をすっかり直していってくれた」と後に直哉に言われた頃、多

喜二によって書かれたのがこの色紙なのです。

今、この「格差・貧困・閉塞」の社会と文学を考える——言わば「飯の食えない社会と文学を考える」この研究集会で、多喜二の色紙の松山とのエピソードを報告できたのは、誠に幸せです。この会の成功を深く願うものです。以上で、私の一人勝手な「松山案内」を終わらせて戴きます。有難うございました。

　この中川悦良「松山の文学的風土」は、二〇〇八年七月一九日に、愛媛県民文化会館第六会議室において開催されました日本民主主義文学会第二〇回全国研究集会での冒頭の講演をまとめたものです。

〈「民主文学えひめ」編集委員会〉

7 二宮敬作のこと

―― 「開明藩主」のもとで農民出身蘭学者

はじめに――心ひかれる愛媛の三先達

「あなたの尊敬する人は？」というある方面からのアンケートに、私が「二宮敬作、正岡子規、水野広徳」この三人の郷土の大先輩の名を挙げて回答したのは今年の春だった。

私の政治思想上の立場から尊敬してやまない偉大な内外の先輩同志はもちろん、幾多の先哲偉人も省いて、愛媛にかかわりのある、以上の三人を挙げたのは、この三人に私は尊敬というよりも、きわめて人間的な愛着を感じているからであって、いわば「郷土のもっとも心ひかれる先達」という趣きで私は回答したのであった。

かねてから私は「わが国の進歩と革命の伝統をうけついで」（日本共産党規約全文）創られた日本共産党員の一人として、愛媛の進歩と革命の伝統を、できるだけ広い視野で、歴史の素人なりに、たぐってみたいという希望をもちつづけてきた。武左衛門一揆に象徴される全国でもひときわ数多い百姓一揆、「賃金紛議」ということばを徳川時代に記録に残している日本労働運動の源流ともいうべき別子銅山「人夫」の闘いなど、幾十万人民大衆のたたかいの歩みこそ、歴史の前進の原動力であった。しこれらの研究と継承こそがわれわれにとってもっとも大切なことであることはいうまでもない。

だが同時に、直接的には近代の民主主義革命闘争に直接のかかわりをもちえないようにみえても、「人間のすべての知恵の集大成」としての科学的社会主義の学徒の一人としては、それぞれの時代に生き、その時代の進歩のために力をつくしたすべての人びとに関心をもち、それがわれわれとかかわ

りの深い郷土の先輩であるとき、強い愛着をも感じて、その人の生き方、たたかい方から何かを学び

とろうと思うのは、きわめて当然であり、また必要なことのひとつだと思うのである。

明治にあって最初は自由民権運動に思いをよせる政治好きの少年が、俳句と短歌の革新をなしと

げ、近代日本文学にも大きい影響を与えつつ、わずか三十五才の生涯を鮮烈に燃焼させた正岡子規。

『此一戦』で日露戦争の海戦記をリアルなタッチで描いた帝国海軍の高級将校でありながら、大正八

年を境に反戦軍人に転じ、ついには『日本共産党の五十年』にも記されている昭和八（一九三三）年

の地下の共産党が組織した平和運動の組織「極東平和の会」の発起人の一人ともなって活動し、東京

青山墓地の解放運動無名戦士の墓にも合祀されている水野広徳。そしていまから筆者が若干の紹介を

試みようとする幕末の南予出身の蘭学医「二宮敬作」。

この三人について私は少しづつ調べていくにつれて、いっそう深く心ひかれるのである。そのひか

れ方は前二者が私にとって旧制中学の大先輩であり、二宮敬作が同じ郷里、同じ部落の出身者である

という、やや次元の低い郷党趣味的な愛着（たしかにその面ももっているだろうが）ばかりでもない

と思うのである。

全国第三位の伊予の蘭学者数

肥前五十三名、武蔵二十九名、伊予十七名……この数字は幕末十九世紀中期、つまり天保・弘化

（一八三〇～四〇年代）の頃の蘭学者の出身別の分布の上位三国である。（高橋磌一著『洋学思想史論』

で原平三氏作成の表として紹介されたものによる）当時の蘭学の二大中心地長崎、江戸をもつ肥前、

武蔵につづいて、わが伊予が第三位にランクされているのは、どのような事由によるものか、興味を
もたざるをえないところである。

すでに十八世紀のはじめ、徳川吉宗は「殖産興業的な政策の一端」として「封建制の動揺をなんら
かの方法で阻止せんとする」努力のひとつとして「洋学採用」をすすめた。（前掲書）

そして伊予諸藩でも十七世紀の末頃、蘭人カスパルの門人、長崎の医師河口良庵に従って和蘭（オ
ランダ）外科を修得した鎌田政信（現在の大洲市八多喜出身）を最初として、十八世紀の末頃から
は、松山藩医の家に生まれ、後に幕府の天文台訳員となり、わが国ではじめて本格的な物理学者『汽
海観瀾』（一八二五年）を著したり、後述する第一次シーボルト事件で幕府天文方高橋景保がシーボ
ルトから贈られたクルーゼン・シュテルンの『世界周航記』を抄訳（『奉使日本紀行』）した青地林宗
などをふくめ相当数の蘭学者が各藩から出ている（この点については最近愛媛大学教育学部の影山昇
助教授が『伊予の蘭学』でまとめられた）。

だが前掲の天保、弘化の頃の十七名の伊予の蘭学者の大部分は、伊予八藩のうち、宇和島、大洲の
南予二藩に集中していることはまちがいないだろう。その理由は宇和島藩伊達宗紀の養子となって藩
主となった宗城がその生家旗本山口家にあった時以来、蘭学好みの「開明藩主」であり、「蘭学受容」
に意欲的であったことに求めることはできる。

しかしその蘭学の普及と発展を、そして本質的には明治日本の「富国強兵」政策の原型ともいうべ
き、絶対主義的な封建的藩体制の維持強化という側面を主としながらも、明治維新において、松山藩
などに比べて倒幕運動の一つの拠点となり、政治思想的には「尊皇開国」の潮流の積極的な形成者と

なった宇和島藩のいわば「輝しい藩末期」をつくり出すうえで、二宮敬作という農民出身の蘭学者というより蘭学医の存在を無視することはできない。

（一九七五・八・一七）

歴史ドラマの渋い脇役

　二宮敬作——彼自身は一冊の著作も残していない。したがって蘭学者と呼ぶことはいささかはばかれるところである。だが、シーボルトの直弟子、第一次シーボルト事件での最大の重罪者、わが国最初の西洋医学の女医「オランダおいね」の養育者、そして高野長英をかくまい、村田良庵（後の大村益次郎）を宇和島に招へいし、三瀬周三を教え育てた彼は、幕末の蘭学思想史の重要な一コマ一コマで、きわめてドラマチックな、それでいて絶えず脇役的というより第二主役的な渋い役柄を演ずる重要な人物として登場してくる。

　事実、シーボルトやその娘伊篤こと「オランダおいね」を描いた数多い小説や戯曲、西口克己作の『高野長英』、司馬遼太郎の『花神』などで、つねに不可欠の登場人物としてきた人間味あふれる肯定的人物として描かれてい

二宮敬作の住居跡（宇和町）

るほか今年六月、東京東横劇場で前進座が、曾我廼家明蝶（石井宗謙）有馬稲子（おいね）の客演を得て上演した津上忠作「揺藍の歌」（ゆりかごのうた）では、中村翫右衛門が二宮敬作を演じている。

まさに魅力ある郷土の先人の一人といえよう。

「芋敬」少年　十六才の船出

二宮敬作は、文化元（一八〇四）年西宇和郡（現在の保内町）磯崎浦の百姓の子供として生まれた。後に同じシーボルト門下の俊英として敬作と劇的なかかわりを深くもつ高野長英が奥州（岩手県）の水沢の藩医の家に生まれたのも同じ年である。

敬作の生家は、酒の小売りなどもしていた村では比較的余裕のある方ではあったが、伊予灘と三方の山に囲まれた六〜七町歩の田しかない佐田岬の付け根の貧しい浦であり、百姓の子として育った敬作は、後に長崎の鳴滝塾で「芋敬」とあだ名される。下級武士や町人階級の出身者が比較的多い蘭学者のなかでも、まったく純然たる百姓出身の敬作が、やや侮べつ的な「芋敬」といわれていることは長英が「鯨の長さん」と呼ばれていることと比較して見ても、彼の出身が身分差別に対して当時もっとも進歩的対処をしてきたと思われる蘭学徒の中でもいささか特異なものであったことをうかがわせる。

当時、磯崎の村医に大洲出身の漢学をよくする人が居て村の若者に漢学の素養を施していた。敬作もこの人に、習字、漢学を教わった。動物好きの愛すべき少年でしかも、何でも次から次へ質問を師に浴せる「知りたがりや」の敬作少年に医学のこと、蘭学のこと、そして長崎のことなどをつぎこんだのは、この村医であった。

百姓出の少年が、身を立てようとするならば坊主になるか、医者になるほかはなかったという封建身分制のワクぐみもその決心の基礎にはなっていようが、向学の志に燃える敬作が両親に「猛烈な決心を以って長崎遊学を迫」り（長井音次郎『二宮敬作伝』）「大洲から長崎へ行く人の伝手を求めて」（前掲書）、磯崎浦を舟出したのは文政二（一八一九）年の春二月のことだった。シーボルトが来航する四年前、時に敬作十六才であった。

美馬順三に師事

長崎に入った十六才の敬作はまず通詞の吉雄権之助について蘭語を学び、次いで蘭学者美馬順三について医学蘭学を学ぶ。美馬は阿波の羽浦町岩脇に生まれ、長崎に遊学、オランダ通詞中山作三郎の家に寄寓し、蘭語や天文学を学んだ。シーボルトが来るとまっさきに師事し、鳴滝塾が開かれるや、岡研介（周防出身）とともに最初の塾頭となった。和漢蘭三学に通じ、シーボルトのため学問的調査や邦書の蘭訳を行なったが、コレラにかかってわずか三十一才で長崎に死んだ。

美馬の弟子であった敬作は蘭学の一定の基礎ができたころ、シーボルトの来航という幸運に恵まれ、師とともに、鳴滝塾に入るのである。敬作は、順三にひときわ傾倒し、後年敬作臨終のとき「わが死なば、髪はふるさと、遺骸は美馬先生の墓に埋めよ」と書き残している。

かくして敬作は、シーボルトが後に自ら「その一小地よりして科学的開発の新光明が四方に放射した」と回想した長崎市郊外の鳴滝塾の一人となる。

シーボルトの鳴滝塾へ

シーボルト（フィリップ・フランツ・フォン・シーボルト　一七九六—一八六六）の第一回渡来（文政六年七月・一八二三年）は日本の文化史上画期的意義をもつ事件である。眉目秀麗な二十七才の精力的青年学者はドイツ・バイエルン州ヴォルツブルグ侯国の出身、一流外科医を祖父に持ち、シェリングの自然哲学派に属し、ドイツ比較解剖学及び胎生学の創始者の一人であるデルリンガーの家に寄寓して学び、医学、地文学、民俗学、植物学、動物学に通じていた一方、メナニヤ学生団のリーダーとして決闘して三十三カ所の刃傷を受けたこともあるという豪気な気性と堅固な志操の持ち主でもあった。

彼の学識はたちまち世に喧伝され、病人や、そして蘭学を志すものが数多く訪れ、当時としては、まことに異例なことに、奉行の許可を得て、郊外鳴滝に二町歩ほどの土地と母屋二棟、別屋三棟を買い診療所兼学塾とした。周囲の丘にも研究資料の草や木を植え、塾に添った小川の辺には梅の樹が多く「浣花渓」と名づけられた。

西洋医学にとどまらず、一般科学についても彼のおよぶかぎりの知識を教授し、日本においてはじめての臨床講義も行なった。

門下には、伊東玄朴、戸塚静海、竹内玄同、岡研介、美馬順三、湊長安、高良斉、高野長英、小関三英、伊藤圭介、石井宗謙、そして二宮敬作等五十七名が集まった。

この中で、伊東、戸塚ら十七人は塾外生として通塾したが、学費にとぼしく、久しく長崎にいられ

ぬ者も少なくなく、その中で学才があって万有学の研究その他に有能な者を、シーボルトは鳴滝において、翻訳、著作をさせ、これに報酬を与えて養った。その代表的人物として、その名が明らかになっているのが二宮敬作その人であり、「その他はシーボルトが名を秘したためにわからない」（藤森成吉著『近代日本の先駆者たち』新日本新書）。

鳴滝塾徒としての敬作は「其性質が篤実で、物事に親切であり、又確かりした質であった」（「長井氏前掲書」）が故にシーボルトに愛され、医学だけでなく、本草学（植物学）地理学についても学問をすすめると同時に、師の求めに応じ植物の採取、島原温泉山の測量などよく働いた（後にシーボルト参府の途中、文政一一年四月、万難を冒して富士山に登り、高さ、気圧、温度まで実測して報告、シーボルトを大いに喜ばした。日本で山の高さを測量するのに西洋の方法を用いたのは敬作が最初である——とされている）。

医学では外科が得意で、臨床外科医としての技術は、当時日本の最高水準であったことは、その後のいくつかの逸話でも証明されている。

（一九七五・八・二四）

高野長英の隠れ家（宇和町）

蘭学受難——第一次シーボルト事件

シーボルトの厚い信頼が敬作を歴史的な蘭学に対する大弾圧事件である第一次シーボルト事件に巻きこんでゆく。文政九（一八二六）年二月、五年に一度のオランダ商館長の江戸参府に伴ってシーボルトが入府するとき、高良斉とともに敬作はこれに随従をする。シーボルト等は五十五日間かかって江戸に到着（このとき富士山の測量を行なう）。三十七日間江戸本石町三丁目オランダ定宿、長崎屋深右衛門方に滞在する。江戸の蘭学者や医師たちが大勢訪問し、ここに日蘭の「学術の交流」が行われたことは、自然の成り行きであった。

とくに間宮海峡の存在を知らされたことと、幕府天文方高橋作左衛門（景保）から、伊能忠敬らによってつくられた「日本興地図」を手に入れたことは万有学者シーボルトにとって大きな収穫であった。その礼に前掲のクルーゼン・シュテルン世界周航記や、オランダ王国海外領土全図十一枚綴りの地理書を高橋に贈った。また医師土生玄碩に眼科の手術法や新薬「開瞳剤」イギリス人チュケイ著の地理書を高橋に贈った。土生は礼に将軍より下賜された紋服等を贈った。この二つの「学術交流」が、蘭学に対する大弾圧事件、第一次シーボルト事件の直接の要因となり、敬作にとっても、受難の出発点となるのである。

事件の発覚はシーボルトの江戸参府の二年後、文政一一（一八二八）年八月の台風によってもたらされる。任務を完了してジャワに帰る準備をしていたシーボルトが乗船予定のコルネリウス・ハウトマン号が海辺の割石に打ちつけられ、破船した。当時の規則としては外国船は出帆時には取り調べを

受けなかったが、入港のときは厳重な検査があった。ハウトマン号は出戻りの形で入港することになったので奉行所の役人の取り調べを受け、国禁の品物がぞくぞくとあらわれてくることになる。

塩漬けの死体に死罪判決

これによって、地図を贈ったことが暴露された高橋景保は浅草の邸を大勢の捕手にかこまれ、青網をかけられたかごで奉行所に引き立てられ、きびしい取り調べを受け、ついに獄死する。幕府は獄死した景保の死体を塩漬けにし、これに対し、国法違反のかどで死罪をいいわたし、さらにその子二人は遠島、その門下生五十余名が処罰されるという悲惨な弾圧を加えた。そして、土生玄碩も改易となった。

高橋はアジア情勢の緊迫、とくに北辺の緊張いちじるしい中で、シーボルトからその事情を得ようとしたのであって、その行為は鎖国の国法に違反しようとも、学問的関心とともに国の安否を気づかった行為であったのである。疑いをかけられていることを知った時も景保は「国に忠心を以って彼国のことをくわしく記せしものを引き寄する存心ゆえ御不審かかるとも明白に弁明すべし」とその心底を書き残している。

また土生玄碩の場合も、シーボルトに開瞳剤の処方を教えてもらう代りに、禁制の将軍から下賜された紋服を贈るときの決意を次のように述べている。「紋服を外人に与ふるは国禁にして、之を犯さば死刑を免れざるべし、されど此（開瞳剤の処方）は奇方なり今之を伝受せざるときは、何の日か之を得て同胞の病を治せん、刑に触れて軀を損つるとも之を吾子に伝へなば、之によりて万民の疾苦を

拯ふに足るべし」（呉秀三『洋学の発展と明治維新』）と。

高野長英がこの事件を後に回顧して「素より反逆の謀なく、忠節の功多し」（『蛮社遭厄小記』）と指摘しているように高橋や土生の行為は学問に対する強い研究欲と「済民」の良心と愛国的経情に基く行為であったのであって、これに対する残酷な弾圧はむしろ洋学に対する鎖国制度にすがりつく幕府の精神的敗北を示すものといえよう。

敬作、師の受難とたたかう

江戸における弾圧は、直ちに長崎に及ぶ。シーボルトは出島に幽閉され、連日資料の出所や関係者の名前をきびしく追及される。国外に出ることを禁じられての連日の訊問はとくに高橋景保との関係にきびしかったが、シーボルトはわざわいが及ぶおそれのある友人や門人の名を決して口にしなかった。このことは書状をもって責任の一切を一身に負うとした高橋の行為と併せて、そこには学問的良心を守ろうとする国際的な愛と連帯のわが国における芽生えをわれわれに考えさせるものがある。

シーボルトが決して口を割らなかったにもかかわらず文政一一年の暮から翌正月にかけて、高良斉、二宮敬作らの門人をはじめ二十三名が次つぎと入牢させられる。

敬作は文政一一年一二月二六日町預り（上築後町）となり、翌年正月二八日入牢し、きびしい取り調べを受ける。

敬作は高良斉とともに、もっともきびしく追及された。良斉は牢に入れられて四ヶ月もたっても審判が決まらないのに怒り、木炭をすって墨にかえ、木をかんで筆をつくりシーボルトを弁護する意見

書を提出する。奉行所での訊問に対しては「わが師シーボルト先生には何の悪心なし、もし法にかか

わることあるならばわれら二人（敬作とともに）の首をはねよ」と迫った。

そして六月二三日、一応出牢となり、一二月に国外退去処分を受けてシーボルトが日本を去ったの

ち、翌文政一三年三月二五日、江戸構え長崎払いの判決が、敬作に下る。シーボルトの門人としては

もっとも重い罪である。その判決文は次の通りである。

江戸構、長崎払

右之者去る戌年阿蘭陀人、参府に付添罷、外科シーボルト儀道中筋又は江戸表滞留中病人治療

遣わし、手伝いたし其外医師等来り蘭人へ猥に対話は不相成儀にて猶予療治いたし遣わし候もの

共より謝礼に品物持参いたし使候わば逸々通詞共に可申聞処其儀猥に取次等いたし既に右之内

御禁制の品も有之其上嶋原温泉山の高低測量いたし其儀を蘭人へ猥に相咄又は蘭人より相頼候

儀も有之候わば通詞の内江申聞け差図可請処無其儀そ忽に聞請候儀は旁不届に付江戸構長崎払

申付候

×　　×　　×

要するに、公認の通訳を介さずに、敬作がシーボルトに取り次いだことと、山の測量の結果を報告

したことが罪に問われているのである。別の伝えによると敬作が身分が百姓であるのに武士の形をし

ていたことと、判決では島原温泉山（長崎県）となっているが、それ以上に富士山を測量したこと

が、とくに追求され当時の蘭学の二大中心地の長崎と江戸から永久追放というもっともひどい罪を受

け、第一次シーボルト事件で、高橋、土生についでシーボルト側の最大の受難者の一人とされることになったともいわれている。

こうして学問と修業、そして思わぬ弾圧事件の「貴重な」体験を加えて、たくましい成長をとげた敬作はシーボルトも去った長崎を追われて、天保元（一八三〇）年一月に故郷磯崎に戻ってくる。九年前と変らぬ故郷の海と山かげ、それに比べいっそう貧しく見える村の姿を見つめる。二十五才の青年医師の胸には受難による失意と不合理な政治に対する怒り、そしてこれからの「一本立ち」の仕事に対する若わかしくたくましい意欲と不安が複雑に交差していたことであろう。（一九七五・八・三一）

お稲の養育を託されて

磯崎に帰ってくる前、敬作は師シーボルトを見送らなければならなかった。

「日本構（かまえ）」——つまり日本追放となったシーボルトはもちろん、その妻お滝の悲嘆はとりわけ深かった。

お滝はシーボルトが長崎丸山の引田屋の抱遊女某扇（そのぎ）を落籍して妻とした。孫に当たる高子の話しによると、お滝は長崎の商家俵屋の娘だったが、実家が零落したのち長崎築地の豪商服部家に見習い奉公しているうちにシーボルトに見染められ、当時外国人との交渉は遊女以外に許されないためにその形式をとったものとされている。

さらにシーボルトの心をもっとも痛めたのは、お滝が生んだ娘、伊篤（お稲）——文政一〇（一八二七）年五月六日生まれが——ちょうど二才半のかわいいさかりがこれと別れねばならないことであった。彼は「長崎の漆工をして手箱をつくらしめて、其の蓋の表と裏に母子の像を青貝

で彫めしめ、又両人の頭髪を紙に包んで記念の為めに懐中した」（長井音次郎氏前掲書）。

文政一二（一八二九）年一二月五日、シーボルトをのせたコルネリウス・ハウトマン号は出島を出発、バタビアに向かう。シーボルトはここを経由して故国に帰ってゆく。出発に際し、伊篤を抱き上げながら、見送りの高良斉と敬作に涙とともに「我一たび西に去らば、再び渡来の望みなし。此の一塊の肉身は則ち余と思ひて、何とぞよく養育して給れよ」（同前掲書）と託すれば、両人も感涙して、「養育に必ず力をつくすので心配し給うな」と誓った。

情義の深すぎる人間

この約束は、高良斉が弘化三（一八四六）年大阪で亡くなった後はもちろん、その前でも主として敬作の肩に深くかけられることとなる。そしてこのお稲をわが国最初の西洋医学の女医に育て上げるために敬作が払った労苦と努力は、国際婦人年に当たる今日婦人解放への貢献者としても評価されるべきことではなかろうか。またそこには師の「恩」に対する報謝の念とともに、ひときわ情詣に厚い南予庶民の暖かい伝統的心情の持ち主の一人としての敬作の人となりを見るべきであろう。

この点、司馬遼太郎が大村益次郎とお稲を主人公とした小説『花神』のなかで、敬作のことを「この情義のふかすぎる人間」と評し、敬作にとってお稲の養育を託されたことが「生涯にとってもっとも重い課題となった」と書いていることは、的を射た指摘といえよう。

シーボルトはこの時、高価薬などを養育資金に充てるために残し、良斉や敬作には顕微鏡などを贈った。この顕微鏡の箱（中身は何者かに盗まれたとか）は宇和町開明学校（県指定文化の里）に陳

列させられると最近の愛媛新聞が報道している。

なお、コルネリウス・ハウトマン号が港口瀬戸にさしかかったとき、一隻の漁船が近づいてくる。シーボルトもいったんこの小舟にうつり、さらに別れを惜しんだというエピソードも伝えられている。

船にはお滝と伊篤、そして敬作と良斉が乗っていた。

貧者に施療するを天職と心得て

まさに激烈な体験を得て故郷に帰った敬作は、父母や村人の暖かい歓迎を受け、しばらく休養し、父母が敬作の許嫁と決めていた喜多郡上須戒村(現在の大洲市)の西家の娘イワと結婚し、上須戒で医業を約二年間開業する。そして天保四(一八三三)年の春、宇和島藩主伊達宗紀(春山)の内命もあって東宇和郡卯之町(現在の宇和町)に出て開業し、ここがその後、長いあいだ敬作の活動の根拠地となる。

そして、「当時地方では珍らしい薬草園を同地光教寺畔に設け諸種の薬草を栽培し、豊に投薬に用い、又附近の医家に分与した」(長井氏前掲書)のはシーボルトについて本草学(植物学)をよくした敬作の一面目であろう。

なお、筆者は近日、磯崎に立ち寄ったとき、村の東方の山を約四百〜五百米登ったところに、村人が「敬作畠」と呼んでいる二〜三反の畠があったことを知った。これも敬作が郷里に薬草を栽培した跡ではなかろうか、と考えられる。

また、「医術にては、最も外科に長じ、卯之町にて得意の神技妙術を振ふて、多くの人命を救い、

世人を驚かした。そして患者に対して貧富の別なく手当懇切を極め、急病と聞かば深夜山中にも往診し徹宵努力することは珍らしくはなかった。薬価謝礼などは殆んど念中にないようで書附けの帳面などもなかったということである」（長井氏前掲書）。さらに呉秀三著『シーボルト先生其生涯及び功業』でも敬作の医者として特徴を「貧者に施療するをば天職の如く心得た」と指摘している。また医療費の「つけ」などがいっさい無かったことは、夜中でも遠い山村にも身軽く飛んでいったという話ともにその代り収穫の秋には、近在の百姓が米ばかりでなく、大根や葉っぱの類を山の如く、その門前に積み上げたという話はいまも卯之町の人びとに伝えられている。

南予百姓一揆の時代の中で

ちょうどこの時代は敬作の生まれる七年前の武左衛門一揆を頂点とする南予の百姓一揆の比較的安定期にあったとはいいながら、嘉永二（一八四九）年──この年、高野長英が宇和島にくる──には、久枝村（宇和町）で百姓が徒党して納蔵（年貢を納める倉庫）へ結集、庄屋へ三カ条の要求を提出している（松浦泰『南予の百姓一揆』愛媛民報社）。そのような時代に百姓出身の敬作は、准藩医的待遇を受けながら、宇和島城下には居を置かず、卯之町で「貧者に施療することを天職の如く心得て」走りまわるのである。

藩主から信頼を得ながら、城下に居を置かなかったのは「江戸構、長崎払」という公儀による処分に対する「遠慮」もあったろうが、一揆を再三起こさざるをえない百姓の苦しみの側に、その近くに自らを置いておきたい、その方が藩権力の近くに身を置くより安心できるという心理が、そもそも百

姓である敬作の心の中に存在していたのではなかろうか。

同時に、鳴滝塾でシーボルトが身をもって教えた「民衆に奉仕する学者の使命感」（高橋礦一『洋学思想史』）を実践しようとする意志と、師から託された「おいね」の養育という任務を果すためにも、藩務に直属するより、やや自由な地に身をおきたかったのではなかろうか。

潜行中の高野長英の来宇

こうして卯之町で平和な医師の生活を送る敬作を、ふたたび重大な歴史的事件に巻きこんでゆく人物が訪れてくる。天保一〇（一八三九）年の「蛮社の獄」事件で、渡辺崋山や小関三英とともに、幕府の弾圧を受け、伝馬町の牢に投獄されること五年余、弘化元（一八四四）年獄舎の火災で放たれのち潜行三年半、宇和島藩を頼って来宇した高野長英である。時に、嘉永元（一八四八）年四月、生年月日がたった五日ちがいの長英も鳴滝塾以来二十年の歳月を経て、四十四才を迎えようとしていた。

（一九七五・九・七）

論文でドクトルに

高野長英は文化元（一八〇四）年奥州水沢の後藤家に生まれた。幼名を悦三郎といい五月五日の端午の節句に生まれたこの快男子は、敬作よりたった五日だけ兄貴だということになる。母方の祖父高野元端に愛せられ、学庸の句読を受けはじめ、文化一〇年九才のときに、伯父高野玄斉の養子となる。十一才の頃からは祖父に代って村童に漢籍を教えるようになり、文政三年十六才で江戸へ出て杉田伯

元の門に入るが、翌年杉田塾を辞して、蘭法医吉田長淑の門に入って蘭学を始める。その後さまざまの苦難を経て、二十才のときには師吉田長淑の死に会い、長英は代って吉田塾の経営に当たるようになる。そして文政八年二十一才のとき、シーボルトのうわさを聞き、七月江戸を発って長崎の鳴滝塾に入る。

「シーボルトの教育から日本の若き蘭学者たちは、はじめて翻訳ではなくて、直接近代科学の実験・観察の理論や方法にふれることができ、医学においてははじめて臨床講義を受けることができた。さらにシーボルトは門人にテーマを与えてオランダ語で論文を書かせ、これによってドクトルの免状を授与した」（高橋磌一著『洋学の興隆と反封建的世界観』）。これによって「若き蘭学者たちはこれまでの恩師から知識を受ける一方取的な学習形態をこえて、はじめて教師と学生とのあいだに研究を往復するパイプをもつことによって、近代的思考を訓練する機会を与えられたのであった」（前掲書）。

一飯の間ともいえども

事実、長英は、植物、地誌、歴史、芸術、医薬から漁業にいたるまで十三篇からの論文を蘭語で提出し、ドクトルの称号を受けた。「それは一見雑学のようではあるが、蘭学者がはじめて近代科学の方法を自分たち日本の歴史と現実に照らして学ぶことを訓練されたことは、日本の学術・教育史上に画期的な意義をもつものであった」（前掲書）。

その後、第一次シーボルト事件による弾圧によって蘭学者の中で少なからぬものが、幕府が蘭学受容の限界としてきた「形而下」の学として医学などの専門の分野や、翻訳技術者の位置に自らを閉じ

こめようとする傾向に陥ってゆくなかで長英は、鳴滝で得た科学的思想をもって、学術の研究を弾圧のもとですすめ、さらに政治的の蒙を開こうとする情熱を捨てることのなかった数少ない人びとの中の一人であり、もっとも戦闘的にたたかい抜いた蘭学者であった。

長英が第一次シーボルト事件の弾圧を避けて文政一二（一八二九）年豊後（大分県）日田の広瀬淡窓を頼ったとき彼の言動を見て淡窓は「わが門に出入せる者数多いが、一飯の間といえども、国家を忘れざる者は高野生ただ一人のみ」と評している。

長英は、許嫁の千越に婿をとらせて藩から離れ「自由な行動」（高橋礦一）を求めて、診療とともに蘭学に専従し、西洋の生理学説の最初の本といえる『医原枢要』二篇十二巻を訳述し、さらに医学書『居家備用』十四冊や西洋哲学の大綱を紹介した『聞見漫録』、さらにヨーロッパの地震学説を紹介した『泰西地震説』など、当時の社会的要求に応えようとする学問的努力をつづけた。

「慷慨の心より」尚歯会の誕生

長英が三河田原藩の家老、渡辺登（崋山）と吉田塾、鳴滝塾の同門小関三英の紹介で知り合うのは、天保三（一八三二）年、つまりシーボルト事件後三年の後のことらしい。

渡辺、高野、小関を中心とする尚歯会グループは、うちつづく飢きんで「人心恟々」として安から「富める者は益々富み貧しき者は愈々貧しく、窮民所々に騒擾し世間何となく騒がしければ、慷慨の心より……」（長英著『鳥の鳴音』）つくられた。そして「万国の国体、政勢、人情、世態等、蘭書中より抄出し」研究した。

長英は、「天保飢きん」に対して「救荒二物考」を書いてハヤソバと馬鈴薯の栽培、貯蓄、食用法などを説き、また防疫対策のため「避疫要法」を普及し、農民の側に立って学問を活かそうと懸命に努力した。

幕末における蘭学（洋学）に対する三大弾圧事件の一つ（他の二つは第一次と第二次のシーボルト事件）である「蛮社の獄」はこの尚歯会に対するでっち上げによって加えられた大弾圧である。

これをここで詳しく紹介する余裕はないが、それは英国の軍艦モリソン号の漂着に際し打払いという幕府の方針に対し『夢物語』を書いてがん迷な鎖国主義を批判した著者（長英）の探索を目付鳥居耀蔵が命じたことに端を発している。

そして天保一〇（一八三九）年五月北町奉行所に捕えられ、一二月末終身禁獄の宣告を受ける。伝馬町の牢では牢名主となり天保一二年には『蛮社遭厄小記』を著し、入獄六年目に入ろうとする弘化元（一八四四）年獄舎の火災に際し、放たれた後獄に戻らず潜行に入る。

『三兵答古知幾』

翌弘化二年の初冬には郷里水沢に老母を訪ねたエピソードは「水沢の一夜」として劇化されている。その後仙台福島を経て江戸に戻り足柄郡に潜み、『遜謨児四星編』等を訳述し、さらに『知彼一助』の後『三兵答古知幾（さんぺいたくちき）』二十七巻の訳述をはじめる。この『三兵答古知幾』は高野長英を宇和島藩と結びつける直接の契機となる。

長英の弟子である幕臣内田彌太郎が、宇和島藩の家老松根図書（俳人松根東洋城の祖父）を経て伊

達宗城にその訳本を呈上し、これを詠んだ宗城が「為日本国、祈本著完成、蓋防之者鬼也、宗」と記した手紙を彌太郎に返したといわれている。

長英に探索の手がのびたのを気付かった彌太郎がこの縁をたよりに松根を通じ、宇和島に長英を送る計画を具体化する。その裏には、宗城や松根が敬作から長英の学識や人物について予備知識を得ていたことも当然予想される。だが宗城等が長英に期待したのはヨーロッパの歩兵、騎兵、砲兵の編成、訓練、戦術等を伝える『三兵答古知幾』そのものにひかれたのが主であって、後に宇和島在住中の長英の主な仕事も『三兵答古知幾』と『砲家必読』（大砲の運用法）の兵書の訳述に当てられたことも、宗城等が長英をかくまった真の意図を証明している。

開明藩主とは云え、絶対主義的藩体制の軍事的強化のための蘭学利用が、藩主等の長英秘匿の基本的要因であったことは否定しがたい事情といえよう。

敬作と長英の再会

嘉永元（一八四八）年二月二九日藩医宮沢礼中に随従し、長英は羽州浪士伊藤瑞渓と名乗って江戸を発ち四月二日宇和島に入る。

二宮敬作が、鳴滝塾同門の俊英に十九年ぶりで再会し、感激の一夜を、ともに酒には目のなかった二人がすごしたであろうことは想像に難くない。

敬作が、シーボルト事件の顛末や、伊篤（おいね）の成長などについて語れば、長英は、蛮社の獄の不当性と獄中五年、そして潜行三年の闘いを語り、共に不合理、野ばんの幕政に対する憤激をわか

ちあったにちがいない。

この年、地球の反対側ではマルクスとエンゲルスの共同によって『共産党宣言』が出版され、"ヨーロッパの妖怪"の真の姿を自ら彫り深く鮮明に描き出し、強烈な衝撃を与えていた。（一九七五・九・一四）

学問之道須如穿雫石

宇和島での高野長英は、横新町裏ノ町（現在の新町二丁目三の三、朝倉とらさん宅前）辰野川のほとりに住居を構へ、藩の依頼で『三兵答古知幾』の訳述や『砲家必読』の著作に当たるとともに、塾をひらいた。門弟には藩命で、土居逸史、山内某、大野昌三郎の三名のほか、敬作の頼みでその子二宮逸二を加えて四名であった。土居逸史は、「逸二英敏にして進歩著しく我等の及ぶ処にあらざりし」と語っている。また「初め文法を習ひ、其れより三兵答古知幾を一々字に就いて講じて貫ひ之を覚え込み、帰宅後日本文に訳し翌朝之を持参して校正を乞ふこととせり」「長英、英字は解し能はざりしも、当時藩公幕府より借受けられたる英字書ありて、之により蘭書中の英字を読み居たり」（土居逸史氏問答）。

これによっても宇和島藩の長英秘匿の目的が軍

江戸時代の宿場町をしのばせる駅標
（宇和町卯之町）

事書の利用に主なものがあったことと長英が英語の訳に苦労したことがうかがわれる（なお、影山昇氏の『伊予の蘭学』によれば宇和島藩の記録、長英の「訳業必要元書籍目録」に英、独、仏の国語書や辞典も要求している）。

また、長英が塾の学則としてかかげたものの記録が残っているが、それは次のような章で始まっている。

「一、西洋の古語に曰く、学問の道は須らく雫の石を穿如くせよ。之れ夙夜黽勉懈ることなれば、遂に大成を為すべしとの謂なり。」

さらに嘉永元年一一月から一二月にかけて土佐境に近い深浦湾に突き出た天岐という高地の雑木林の中に砲台を藩の命令で設計させられている。これを御荘砲台・深浦砲台またはさざれ岬砲台とも云う。

居常沈うつ蘭学の苦悩

こうして、宇和島での長英は、軍事書の訳述そしてその講義そしてその利用としての砲台の設計が主な仕事となっている、それは祖国の国防に資するものとして意欲をもってとりくんだものではあったかも知れないが、かつて『夢物語』を書いて鎖国主義を批判し、『聞見漫録』で西洋哲学を紹介し、『校荒二物考』や『避疫要法』で農民に直接奉仕しようとしてきた長英にとって、心から満足できる仕事ではなかったのではなかろうか。前掲土居氏の問答書の「長英の居常及其性質」は次のように述べている。

「長英の給せらるる所は僅か四人口なり、故に至って窮乏の体なり。其れが為にや、時々薩州へ行

けばよかりしと嘆息し居たり。居常沈うつ、寝食を安ぜざる様なり。夜中安眠する能はず、しきりに酒によって唾を求む、酒を飲むことは極めて甚し、三度の食事に飲み夜亦飲む。常に酒気を帯びざることなし、一昼夜に三升を呑み尽すという。

長英の沈うつは「四人口」の薄給に対してだけむけられたものでなく、ここにはシーボルト事件につづく蛮社の獄によって「自由な精神」をのばす道をとざされ、支配者に奉仕する軍事技術などの学問に閉じこめられつつあった長英の、いや蘭学自体の苦悩の姿が象徴されていると考えあるべきであろう。

長英のこの苦悩を、分ちあうことができたのは、時々、宇和島を訪れる敬作以外にはなく、この両人の酒をまじえての幾度かの談合は、筆者でなくても、創作的意欲をかりたてられるところであるが、それはこの文の任ではない。

宇和島――薩摩そして卯之町

明けて嘉永二（一八四九）年正月の末ごろ江戸より大早という急行の飛脚が、長英が宇和島にいることを察知して幕府の与力二名が派遣されたことを伝えて来る。藩は長英に「宇和島藩を欺いて居たのは申し訳けない、万一公辺より何等のお尋ねがあっても、伊達家は本名を知らなかったのである」という証書を提出させたのち、いくばくかの金（五十両とも二百両とも記録がある）を与えて、藩を退去させる。

そのあわただしさは大変なものであったらしく、長英は卯之町の敬作のところで旅装を整え、二月

一四日には讃岐の琴平に行き、そして三月一五日に広島から門弟宛に手紙を出しているが、それには女中の次の奉公先や、吸物椀、雪駄、「サハリ鍋」の処分まで頼んでいる。雪駄は二宮逸二に、そして「サハリ鍋」は卯之町（敬作）に「遣シ度候」となっている。

筆者には「サハリ鍋」とはどんな鍋かわからないが、広辞苑によると胡銅器につくった黄白色の茶器らしい。日頃欲しがっていた敬作に贈ったものであろう。

長英は広島から四月ごろ薩摩に向い、島津斉彬に頼ろうとするが、当時島津藩は斉彬派と久光派のお家争いの最中であり、お尋ね者の長英が近づくことは斉彬に不利になるという情勢判断のもとで、長英は失意のうちに島津藩士能勢甚七に送られて再び伊予に立戻らねばならなかった。

卯之町へ辿りついた日は？

しかし、宇和島へ入ることはできない。当然卯之町の二宮敬作をたずねる以外にはない。それは五月の末か、六月のはじめであったろうと考えられる。六月五日の日付で、卯之町から長英が「省」のペンネームで宇和島の門弟大野昌三郎の兄、斉藤丈蔵に当てた手紙があり、それには「遠路雨中度々御出被下」たことや宇和島に残しておいた行李が届いたことの礼を述べているところを見ると、卯之町に入ったのは六月に入らない五月の下旬ではなかったかと思う。そうでないと斉藤氏らが卯之町と宇和島の間の法華津峠を越えて、「度度」往復できるはずはない。しかも「度度」ゆききしたあと行李がとどいているのであるからその間には十日位の日数が全体で必要と思う。したがっていままで六月三日と推定している人もあるが、この年の四月には閏月があったことも計算に入れると、薩摩から

敬作のところに入って来るのは案外五月中旬位かも知れない。（薩摩にどの位滞在したかはさだかな記録がない）。

この日取りの推定に筆者がなぜこだわるのかは、ちょっとした理由があるのだが、それは後に理解していただけると思う。

敬作の家に入った日は以上のような幅があるが出立した日ははっきりしている。それは多分六月一五、六日であろう。それは六月二六日、浪華（大阪）から敬作宛と、斉藤、多田の両氏宛に出した二通の手紙で明らかである。後者への手紙では「長浜御分袂後貴舟無恙伊岬着岸、幡辺御投宿、此より卯駅に御越し、宇城御帰着と奉存候」と書いている。長浜は喜多郡長浜町、伊岬とは保内町の磯崎（敬作の出身地）、幡辺とは八幡浜あたり、卯駅は卯之町、宇城は宇和島城下のことであり、この道順は、長浜の卯之町から出立の道順を逆に示したものと考えてよいだろう。　磯崎は瀬戸内海に面した宇和島藩領でもっと磯崎から漁舟で出て長浜で本船に乗ったのであろう。　磯崎は瀬戸内海に面した宇和島藩領でもっとも上方に近い浦であった。

ここからは、敬作宛の手紙で「十七日郡中、十八日御手洗、十九日岩城、二十日多度津、二十一日姫路の四釜、二十二、三日烈風で滞留、二十四日明石、二十五日兵庫、二十六日浪華」と報告している。

もうひとつの準備

ところで卯之町の敬作宅に滞在中、尾張を経て江戸へ帰る準備として長英は敬作等の推せんで市次郎という百姓を従僕に雇い入れた。（この市次郎についてのエピソードは後に述べたい）。

そして、もう一つ重大な準備を敬作の家の二階に潜みながら、長英は行なったのでないか。そのも

う一つの準備とは何か。

長英の額を灼いたのは敬作か？

前号で、宇和島藩を追われ薩摩藩にもたよることができず卯之町の敬作の家にたどりついた長英

が、尾張を経て、江戸に立ち戻ろうとする準備を二つ行なったのではないか。そして、その一つの準

備が市次郎という百姓を従僕に雇ったことであり、他のもう一つは敬作の二階家に潜みながら行なっ

たのではないか、というところまで書いた。

そのもう一つの準備とは何か、高野長運氏は『高野長英伝』で次のように書いている。

「長英が硝石精を以って前額を灼いて人相を変え、潜行に便じたと云う事は。有名な話であるが、

然らば何時、斯る惨事を自ら敢てしたのであろうか、薩摩を出る時か、再び四国の卯之町を立つ時か、

或はその他の場合に於てか、何か判然として居らない。（中略）時日については嘉永二年夏という漠然

たる事を知るだけでこれ以上は推測の限りではない」。

「推測の限りでない」と書かれると、推測したり、あるいは創作したくなるのは人情である。これ

を行ったのが作家・西口克己氏（共産党京都府議）の創作『高野長英』であり、これでは、卯之町で

外科の名臨床医敬作に灼いてもらった様が劇的に描写されている。

これはもちろん創作のイマジネーションの自由に属する問題である。

だが、長英が敬作に額を灼いてもらった可能性はどの程度あるのか、この嘉永二年夏のなぞを解く

（一九七五・九・二二）

ためには、卯之町に何日に長英がたどりついたかということが一つのカギを握っている。

というのは、硝石精（西口氏の創作では、医学専門家の意見を入れて、おそらく硝石酸だったろうという想定になっているが）で額を灼き、それが一応治癒して外出が可能になるためには少なくとも十五日ないし二十日の日数が必要である。とすれば、従来、『高野長英伝』に引用されている村松恒一郎氏の説による六月三日というのでは、長英の卯之町滞在日は十二、十三日しかなく、到底不可能ということになる。しかし前号で紹介した、斎藤文蔵宛の六月五日付の手紙や、同年が四月に閏月があったことなどを考え、五月の中旬にも卯之町にたどりついておると筆者のように判断するならば、敬作による手術は可能ということになる。

硝石酸の綿棒そして市次郎

西口氏が、村松氏の六月三日説をとらず、また卯之町に入った日についてはっきりした記述をしていないのは、三日説をとることによって手術が不可能になるということから、卯之町の敬作の家に長英が突然訪れた日を「嘉永二年夏――ひどく蒸暑い夜であった」と月も明示せずに書いたのではなかろうか。

筆者の推定では、日数の上では手術が可能ということになる。また三年ほど前に卯之町で町の文化財関係者と話しあったとき「長英は卯之町を出るときには顔は灼いていた」という話しを聞いたこともある。その時には筆者はこの問題に余り関心をもっていなかったのでそれを聞き逃し、その人の名も知らないのをいま残念に思うのである。

西口氏の創作では、おのれの額を灼いてくれ、という長英の申し出には、さすがの敬作も「度肝を抜かれた」が、危険の待つ江戸に立ち戻り、蘭学の鬼となって生きようとする長英の考え抜いた末での策であることを知って協力する。そして「敬作は、ゆっくりと綿棒をつまみあげて、硝子瓶の中の硝酸銀に差し込んだ。強烈な刺激臭がジューンと立ちこめる。次の瞬間、見事な指さばきで綿棒の尖端が長英の前顔部を、点、点、点……と突っついて行った。」と描写されている。

ともあれ、以上はあくまで創作の分野に属することであり、筆者の日数などの判断も推定にすぎない。卯之町のあと尾張での比較的長い滞在中に灼いた可能性もないではない。ただ、その可能性が存在すること、そしてそれが長英の蘭学の鬼としての気迫と敬作の同志愛の深さの適切な描写として蓋然性をもっていることを指摘したいのである。

百姓の市次郎という従者は敬作の推せんによって長英が雇ったわけだが、旅立つときに「途中でどんな事があっても国へ帰って口外するな」と約束させられる。この市次郎が長英と名古屋で別れる時「不びんだが命をもらう」と長英に脅される。その時少しも臆せず「口外するようなことはしないが、疑われるなら命をとられてもかまわない」と答えたため、長英も「お前の心底は見届けた」とそのまま返したというエピソードも伝えられている。この話しも長英の死が伝えられた後、市次郎が話したこととされている。この市次郎は恐らく敬作の日頃、「貧者に施療するを天職と心得た」活動の中での敬作に対する心服者の一人だったにちがいない。それが蘭学の苦難を扶ける無名の戦士の一人となったのであろう。

お稲──卯之町へ来る

長英は名古屋を経て八月には江戸に入り、下総や江戸を転々とし翌三月には青山百人町に沢三伯と称して医院を開業しつつ蘭書の訳述に当る。そして一〇月三〇日の夕刻、捕吏に襲われ、自ら首を切ってその壮烈な生涯を終るのである。そして妻と四人の子供も捕えられる。この知らせを敬作はどのようにうけとったであろか。

筆者は、敬作と長英との関わりに関わりすぎたようであるが、鳴滝塾門下で「鯨の長さん」「芋敬」と呼びあった、対象的な歩みをもつ二人の同志愛の接点にひかれているからである。

敬作の肩にもっとも重くかけられた人生の荷が、師シーボルトから託された伊篤（おいね）の養育であったことは先に書いた。

そのおいねが、長崎の母お滝の手元をはなれて、卯之町の敬作のもとに来て、蘭学と医学を学びはじめるのは、十二～三才の頃という説と十九才のころであるという説と二説あり、筆者はそのどちらが史実なのか確かめる力がないが、弘化二（一八四五）年の頃には卯之町においねが居たことが伝えられ

敬作の出生地──磯崎（保内町）

ており、それが事実とすれば、ちょうど十五才の頃となる。彼女はここで三才年下の逸二ともに敬作から医学の手ほどきを受けるのである。

長英が敬作を訪ねて去る「嵐」のような日々より三年位前のことである。

この「二宮敬作のこと」は愛媛民報編集局の依頼で、郷土の進歩的伝統を、簡単に紹介しようとして、三～四回で終るつもりで始めたのが、筆者の一種の詮索好き、ないしは周辺趣味ともいうべき「くせ」のためつい長くなってしまった。このままでは、まだ十回もそれ以上も続けなければ、いままでの展開とはつりあいがとれないが、これ以上民報の紙面を占領することはできないので、あと二回で終ることとしたい。

（一九七五・九・二八）

敬作 「硯」をお稲に贈る

さて、お稲は、卯之町の敬作のもとで蘭学と医学の手ほどきをうけた後、敬作のすすめで、産科医になる決心を固め、やはり鳴滝塾門下の岡山の石井宗謙のもとへ行く。敬作が大阪の高良斉と相談のうえそのようにとりきめたものと云われる。この時敬作は、シーボルトからもらった医療道具一式と、自分が長年使っていた硯（すずり）を贈る。それは敬作が十五才で磯崎を出て長崎に出るときに買ったもので、裏には「為せば成る為さねばならぬ何事も成らぬというは為さぬなりけり」と書かれてあったという。

このことば、混血の女性が二重三重の困難をのりこえてわが国最初の西洋式女医の道をきりひらいてゆく上で次つぎに、現れる険しい坂道に直面したときの励みになっていった。

不幸な結婚

しかし、石井宗謙のもとでお稲は産科医としての基礎を身につけることはできたが、はるかに年令のちがう宗謙との結婚という、幸福とは決していえない人生の展開を経験する。宗謙とお稲との関係については、いろいろの見方が行なわれており、なかには「手ごめ」にされたという説も根強く、お稲と宗謙の関係は論争のテーマにもなっているが、お稲にとって決して幸福な結びつきでなかったことと、敬作が、そのような結果をもたらした宗謙に怒りに近い悪感情をもっていたことは、たしからしい。そして宗謙との間に生れた女子が、高子（嘉永五年──一八五二年二月七日生れ）であり、この高子が後に、敬作の甥三瀬周三の妻となるのである。

岡山から一度長崎へ帰ったお稲を敬作が再び呼びよせたのは、宇和島藩が、高野長英の去った後の三年後嘉永六年に蘭学普及のために招いた村田蔵六に師事させようとするためだった。

村田蔵六・周三・お稲

村田蔵六（当時亮庵といい後の明治新政府の兵部大輔大村益次郎）は長州の村医者の家に生れ、緒方洪庵の適塾で塾頭になっていたが、国に帰っていたのを、前掲の大野昌三郎と敬作の努力で宇和島藩に招かれたのであった。村田は嘉永六（一八五三）年一〇月来宇し、藩は蘭学の翻訳、教授と、蒸気軍艦の築造を命じた。一介の村医者に、いきなり軍艦の製造を命じるあたり当時の藩支配者の蘭学に対する軍事利用の熱狂ぶりを示すものといえるが、このことが村田をして、明治維新の軍事指導者

に変貌させてしまう契機ともなるのである。

敬作は、この村田蔵六に、お稲と、甥三瀬周三の教育を託する。この師弟三人の結びつきは、幕末洋学者が明治新政府の絶対主義官僚に成長転化した典型として村田が大村益次郎として国民皆兵の軍制をつくったのに対して、「百姓を軍人にするのは何事か」と旧武士階級の反動的意図を代表する旧長州藩士ら暴徒の襲撃をうけて明治二年九月、浪速で倒れ一一月に亡くなるとき、周三とお稲がかけつけて最期の看護をするときまでつづく。

その暴徒をかくまったのが周三が大洲中町一丁目の塩屋の出であるのに対して、同じく中町三丁目出身の勤皇の志士で明治天皇の親兵隊長もつとめた巣之内武部であったこと、そして巣之内武部はその行為で割腹しなければならなかったことは、伊予の幕末、維新史の奇しきエピソードであり、松山の劇作家坂本忠士氏（松山文団連会長）の放送劇にもなっている。

また村田蔵六とお稲との間には宇和島以来、恋愛感情の交流があったのではないかという想定が、司馬遼太郎氏の『花神』のテーマになっていることは有名である。

シーボルトの再来・「ケイサキイ」

安政三（一八五六）年の春オランダのシーボルトから、一〜二年の後に再渡来するという消息が、お稲と敬作のもとに届く。シーボルトが国外追放となった文政一二（一八二九）年より実に二十七年の歳月が流れ、当時赤子であったお稲も三十才を迎えようとしていた。

オランダへ帰ったシーボルトと敬作の間にはそれ以前にも幾度か、書簡の往復があった。医療機械

の箱を敬作に贈ろうとしたり、海に産するもの以外の貝類や植物の種子や花のいがが、苔類などの採集と送付を依頼したりしている。

また、シーボルトの著作『フロラ・ジャポニカ』（日本植物誌）には敬作が採集した高山植物に「ケイサキイ」と名付けて掲載するとともに、敬作を「熱心なる植物学者」と紹介している。

師の再渡来近しの報に接し敬作は直ちに長崎に趣く決意をする。「長崎構」の判決も時効となっていたであろうし、三年前の嘉永六（一八五三）年のペリー来航以来、天下の情勢も変化していた。安政三年の三月敬作は、周三を伴って長崎に着き、銅座町で産科医を開業していたお稲（楠本伊篤と名乗っていた）の家に一時寄寓したが、「外科の名医来る」ということで患者や医学生が押し寄せたため、手ぜまとなり諏訪町に邸を移した。

左手だけの「神技」にシーボルト驚嘆

翌安政四（一八五七）年夏、門前で「奔馬逸走」の大騒ぎが起り、敬作は高下駄をはいて外に出ようとして転倒し、脳卒中を起し、右半身不随となったが、数ヶ月の休養後、患者の診療に従事した。

これはシーボルトが再来した後の話しではある、肩に翻花瘡のある患者が治療を求めてきたが、シーボルトが、「到底手術不可能」と断ったのを、敬作が左手にメスを執って切開し、患部をえぐり出してみごと全治させたのでシーボルトも「西洋にても斬る豪胆にして神技ある者極めて尠し」と嘆賞した（長井音次郎氏前掲書）と伝えられている。

敬作やお稲が一日千秋の思いで待つこと三年余、安政六（一八五九）年七月六日、六十二才、白髪

を戴くシーボルトは十四才の長男アレキサンダーを伴って再び長崎の土を踏んだ。

追放以来、まさに三十年の月日が経っていた。

（一九七五・一〇・五）

敬作は、お滝、お稲、おたか、周三を伴って、師を三十年ぶりに迎える。お稲の養育をともに托された高良斉は、すでに十三年前の弘化三年九月に大阪で病死していた。師の信頼に応えて、お稲を一人前の女医に育てて、師に再会させることができたことは、敬作にとって、もっとも誇らしいことであり、これが彼の生涯のハイライトであったとも云えよう。

シーボルトは、良斉と敬作が、お稲の「養育に心を尽し敬作は之を鞠育（きくいく）し、訓誨（くんかい）し、良斉は絶えず之を問い督して撫護したときいて、或は嘆き或は惜み、報謝の心、感激の情、一際堪え難かったものの様であったと云う」（長井音次郎氏前掲書）

三十年来 ″鳴滝の春″

シーボルトは、オランダ商館長ドンケル・キュルチウスの邸に一週間程滞在した後、出島を去って、切支丹寺サンジュアンの廃跡に建立された日蓮宗の本蓮寺内の一乗院を宿舎とした。さらに翌万延元

保内町磯崎にある敬作の生家（1972年保内町指定）

（一八六〇）年夏には懐しい鳴滝に移り、図書数千冊を並べ、気圧計や温度計を置き、また植物、動物の採集を行なった。さらに数多くの医者や学者と交流し、久しく離れていた医療にも従事して多くの患者に施療した。

黒田藩の役人などは炭坑開発についての相談にもやってきた。お滝やお稲、そして敬作等は、殆んど毎日鳴滝に集まり懐旧談もまじえて睦み親しみあった。敬作は、甥であり門下生である三瀬周三（諸淵）の教育をシーボルトに頼み、シーボルトも周三の優れた資質を愛し、これを弟子として諸学を教授した。また周三はアレキサンダーに日本語を教えた。

まさに三十年ぶりに華やかによみがえった〝鳴滝の春〟ではあった。お稲は、周三の才能と人柄を愛し、自分の息子のように面倒を見るとともに、たか子が成人の後には周三と夫婦にしたいと申し出で敬作もこれに同意した。この約束については周三の大洲の実家三瀬半兵衛に相談したところ、親族の中で「異人の血統と婚姻するのは家門を汚すもの」という反対も出たが、一応約束が成立したという。

シーボルト、幕府顧問に

このころ、幕府では、久世大和守と安藤対馬守が外国掛老中であったが、安藤は洋学に対する関心も深く、外交知識を得るためにシーボルトの招へいを考えた。またかつての鳴滝塾の門徒である伊東玄朴、戸塚静海、竹内玄同等は、将軍の奥医師となっていたが、（高野長英は彼等を軽べつしていたが）時代の変化のなかで、シーボルトを江戸に招いて〝報恩〟しようと努力した。こうして幕府は、シーボルトの参府を長崎奉行を通じて正式に要請する。シーボルトはオランダ商事会社の職を辞職し、鳴滝の宿舎を閉じて、アレキサンダーや三瀬周三を伴って英国汽船で長崎を出発、文久元（一八六一）

年三月一〇日新しく開港された横浜に上陸、江戸の赤羽根接遇所に入った。

江戸でのシーボルトは、安藤対馬守に会って外国事情などを説明したり、め多数の洋学者、医者などと会う。やはり鳴滝塾徒であり、長英をかくまったことのあった名古屋の伊藤圭介にも会った。圭介は植物学者としてきわめて優れた学者であり、ヨーロッパの学者に比べ、決してヒケをとらない立派な水準であったことをシーボルトは記している。

当時の幕府の通訳には福沢諭吉や福地源一郎がいたが、シーボルトは三瀬周三でないと自在に話しがしにくいのでもっぱら周三が当たった。周三はその後、明治新政府で伊達宗城が外部卿となったときには六ヶ国語に通じて大いに外交で働いたが、その語学力の基礎はこの当時に訓練されたものであろう。

第二次シーボルト事件・周三の受難

ところが、シーボルトに対する幕府の信任と名声が再び高まると、これに対する攻撃が再び高まった。公職にあらざる外人が、幕府の外交顧問のようなことをするのはけしからぬという幕府内外の意見また開国によって滞在していた諸外国代表からも、「公官でない外人が江戸に居るのは違法でないか」という攻撃である。

こうして、安藤対馬守はオランダ公使に、シーボルトとの断絶を申渡し、シーボルトは横浜を経て長崎に帰らねばならなくなる。

この時、三瀬周三が捕らえられるのである。文久元（一八六一）年一〇月横浜奉行所に出頭して捕えられ、やがて大洲藩邸預りとなって幽閉される。

この知らせを聞いてシーボルトは、深く憤り、真情こもる嘆願書を幕府に呈出したりして周三の釈放に全力をつくすが、その効なく、その年の暮れ、やむなく横浜を汽船で立って長崎に帰る。

翌文久二年正月、老中安藤対馬守が六人の水戸浪士に坂下門外で襲われる。浪士がふところにしていた斬奸状には「シイボルトと申す醜夷に対し、日本の政務にたづさわりくれ候よう相頼み候儀もこれあり」ということばもあった攘夷の嵐の頂点の時である。三瀬周三はこの嵐の下で四月一六日「御吟味の筋これあるにつき」と奉行所に呼び出され、即日佃島の牢に「入牢申しつけ」られた。以来元治元（一八六四）年七月一日の出獄まで、牢死病や、疥癬に苦しめさせられ、「一枚のむしろに八人が座しめられ」「寒中といえども単衣一枚」「百人の囚徒中より一日四人以上の死体の持出しを許さざれば、定数こゆるときは幾日も放置するなり」と周三の牢中の盟友高島嘉右衛門の佃島日記に詳述されているような苦難を味わうのである。これが第二次シーボルト事件であり、その最大の被害者が敬作の甥であり愛弟子であり後継者ともいうべき三瀬周三だったのである（この事件については新日本新書、藤森成吉著『近代日本の先駆者たち』が詳しい）。

敬作の死

長崎に悄然として帰ってきたシーボルトは周三の釈放運動が実らないのに鬱勃（うっぼつ）とした日を送る。お稲や敬作の心苦もただならぬものがあった。だが、オランダ政府東インド総督からの帰任命令と「しばらく後にオランダの外交代表として日本に再派遣する」という約束を信じてシーボルトは文久二（一八六二）年三月、バタビヤに向う。

波止場で見送るお滝、お稲、たか子、門人。だが周三と敬作の姿はない。敬作は重病の床にあった。

出立の前にわかれに立寄ったシーボルトの手をとって無限の涙に咽ぶだけであった。昂奮した敬作

は、シーボルトの船が出船したその夜、お稲や多くの門人に看取られながら永久の眠りについた。文

久二（一八六二）年三月一二日、数え年で五十九才であった。

師との再度のわかれ、周三の受難の中での死、それは敬作の生涯の終わりとしてまさに象徴的な死

に際ではなかろうか。死に当たって、その心中に去来したものは何だったか。敬作の生涯は一体何で

あったのか。

（一九七五・一〇・二二）

鎖国の頑迷、不合理とたたかった生涯

再び、実質的な国外追放処分によって、師（シーボルト）

が悄然と日本を去ったその夜に、悲憤の死をとげた二宮敬作

の生涯は一体何であったのか。

幕末における蘭学＝洋学に対する三大弾圧事件のすべて

に、直接、間接に受難者の立場に身を置いて、体でこれを受

けとめ、これとたたかわざるを得なかった者は、二宮敬作の

他にはない。

第一次シーボルト事件では自ら獄に投ぜられ「師に疑いあ

るならば彼等の首をはねよ」と迫り、身は「江戸構、長崎払」

敬作ここに眠る（宇和町）

という最大の処分を受ける。さらにこの事件の「重き遺産」ともいうべき、混血の遺児伊篤（お稲）の養育と教育を人生のもっとも重大な課題として背負いつづけ、これを立派に果した。「蛮社の獄」では直接害をうけなかったが、この事件の最大の受難者高野長英の危急に当たってもっとも頼りがいのある秘匿者として、同志として、その受難を積極的に分かちもった。

第二次シーボルト事件では肉親であり、後継者である三瀬周三を捕えられ、師の再度の受難を自らのものとして受けとめ、辛苦と悲憤の中で斃れた。

一見、南予の卯之町で平和な日々を送る一町医者のように見えることも多かった彼の生涯を貫いたものは鎖国主義の頑迷、不合理との間断ないたたかいであった。

著作なき戦闘的蘭学者

私は先きに、敬作には一冊の著作も無く、蘭学者と呼ぶことは、いささかはばかれると書いた。敬作が学問的著作を残していないのには幾つかの事情が重っていると思う。

ひとつは、彼が蘭学を学ぶ以前に、例えば、高野長英のように、漢学の代講を行なったように、当時の一般的学問素養を充分に身につけることができなかった事情も否定しがたいことであろう。その上にせっかく鳴滝で蘭学を修めた後「江戸構、長崎払」という処分を受け、蘭学の二大中心地に足を入れることができなかったこと。さらに、蘭学を主として軍事的に利用しようとする藩候などの要求に対して彼はこれを敬遠したい心境にあったのではないか。それよりも「貧者に施療することを天職と心得て」百姓、町人の患者の家を走りまわることに生きがいを感じていたにちがいない。

そして何よりもお稲の養育という課題を果してゆくためには、危険性の伴う学問的著作に身を投ずることに憶病にならざるを得なかったことが最も大きな要因と考えられる。こうして彼は学問的著作を残さなかった。

それでは敬作を蘭学者と呼ぶことはできないか。そうではない。彼のすぐれた臨床医学の実績（伊予で最初の種痘を行なったのも彼である）ばかりでなく、彼の卯之町の邸には蘭学と医学を学ぶ門弟が常に居たし、三瀬周三やお稲、息子の逸二や甥の篤四郎も蘭学者に育てた。

それよりも、蘭学受難の中で、これとたたかい、師や同志の危機を救うために奮闘しつづけた彼の行動は、鳴滝で学んだ、近代的な合理的、科学的精神の熱烈な信奉者であり、擁護者であり、すぐれた実践者であり、戦闘的蘭学者と呼ぶにふさわしい生涯であったことを立派に証明している。

情宜と科学的確信

南予の貧しい浦の百姓出身の彼が、幕末の進歩的潮流の有力なひとつである蘭学＝洋学の戦闘的な戦士として、輝かしいといってもよい生涯をもったのは、わが国の近世史の上でも、まれな例といえよう。

彼の生涯を貫いた行動を見るときに、彼を単に「情宜に厚すぎる男」（司馬遼太郎『花神』）という面だけでのみとらえることはできない。

鳴滝で学んだ学問的真理と合理性についての固い確信なしにその行動の一貫性を語ることはできない。歴史的に相対的な意味では科学的確信ともいってよい確信をもちつづけたことが蘭学に関る師や

同志や後輩に対する「情宜の厚さ」になって発揮されたのである。

もちろん、彼が師やその愛娘に寄せる「情宜」の深さを封建的な師弟感や報恩の情としてとらえる方が自然だとも云えなくもないが、同時に、南予の素朴多感な百姓青年が「科学的開変の光明の放射」を受け、真理を感得し得た感激の持続を抜きに考えるべきではなかろうか。得た真理をかかげ、守ってたたかった科学者であった。

南予庶民出身の特質を発揮

だが、私は、彼の天性持って生まれた、暖かい南予の伝統的心情の持ち主としての側面を否定しようなどと考えているものでは決してない。むしろその側面より惹かれてもいる。

受難の蘭学チームのなかにあって、彼はつねに、心暖いマネージャーの役割りを担いつづけた。シーボルトも、長英も、お稲も、そして蔵六も周三も、危いとき、苦しいとき「居常沈うつ」の折り、結婚に失敗した時、苦い酒をあふりたい時、彼等を、暖かく迎え、必要な励ましと、篤実比類ない援助を、懸命になって与えてくれる敬作の存在がどんなに力強く、居心地よく感ぜられたことか。ここに、二宮敬作の南予百姓出身異色の蘭学者の余人をもって代えることができない特質がある。

彼は、近代的科学精神と、南予の百姓特有の恒厚な人情、素朴な庶民的ヒューマニズムを自らのなかに統一して体現し得た人物であった。ここに二宮敬作の真面目がある。

「科学的精神と人民的ヒューマニズムの統一」それは一九七〇年代の今日においても社会進歩のためにたたかおうとする者の基本的立脚点でなければならない。

こうした意味で二宮敬作は愛媛が生んだ近代的人間像の萌芽といってよいのではなかろうか。歴史学者、高橋磌一氏はその著『洋学の興隆と反封建的世界観』の中で「シーボルトの研究と教育事業、ならびにシーボルト事件の遺した財産は小さいものでなかった」として、第一にわが国学術の水準を内容・方法ともに引き上げたこと、第二に民衆に奉仕する学者の使命感を身をもって示し教えたこと、第三に「生民広済」の思想が幕藩の観念を破り、国民意識を育てたこと、第四に国際的友愛の精神を育て、封建的排外主義を克服する土壌を培ったこと、第五に幕府の偏狭な政策に対し抵抗精神と学問のための闘争精神を高めたことをあげている。

そして「このように導きだされた洋学者の愛と誠実の闘争は、さらに政治的展望をもつ洋学研究者の一群を生み出したのである」と高らかに指摘している。

二宮敬作の生涯はその一群の一人として「愛と誠実の闘争」に献身しつづけた生涯であった。私が紹介したかったのはこのことにつきる。

好酒、善談の羅漢

「お稲」こと楠本伊篤が、長崎の皓台寺に立てた敬作の墓（別に卯之町光教寺にもある）に刻まれた法号は「青雲院徳光如山居士」となっている。十五才磯崎浦を舟出した「芋敬少年」の「青雲」の志しは、今日なお、「科学的精神とヒューマニズムの統一した実行」をすすめようとする現代の若者たちによって受け継がれてゆくであろう。

酒を好み、談を善くしたと伝えられる二宮敬作の容ぼうについて藤森成吉氏は次のように描いている。

磯崎の二宮敬作記念公園の二宮敬作像
（1991 年建立）編集者撮影

「彼は独がくしゃみしたような顔つきをしていたが、元来頑丈なからだで、精悍の気にあふれ、しかも落ちついた風采に重味があってあたかも羅漢の彫刻を見るようだった」と。

参考とした主な文献

高橋碩一『洋学思想史』（一九七二年）　長井音次郎『二宮敬作伝』（一九四一年）　藤森成吉『近代日本の先駆者たち　幕末の洋学』（一九七二年）　高野長運『高野長英伝』（一九四三年）　西口克己『高野長英』（一九七二年）　三好昌文『三瀬周三』（『愛媛の先覚者』二巻一九六五年）　影山昇『愛媛の蘭学』（一九七五年）

（一九七五・一〇・二六）

解説　中川悦良の歩みと歴史論考

冨長　泰行（近代史文庫）

はじめに

今年は日本共産党が創立されて一〇〇年となる。近代史文庫の有志で愛媛の共産党史の文献と資料の収集を進めてきた。その中で、中川悦良元県議（故人）が第一線を引いた後、愛媛の進歩と革新の先覚者の足跡を調べて、『愛媛民報』等に書き残していることがわかった。

中川悦良は一〇〇年の党史の中で、戦後の四分の三の時代を愛媛県で中心的役割を担ってきた人である。一九六七年四月愛媛県で最初の共産党県会議員となり、一九九五年まで六期（一九七五〜七九年は落選）務めた。また、一九七五年〜九九年の間副委員長を、以後二〇一三年死去するまで顧問を務めてきた。また、労働運動から婦人運動、民商運動、医療生協運動等の大衆団体の顧問的役割や伊方原発問題、オレンジ輸入自由化反対運動などの面でも大きな役割を果たしてきた人であった。

これらの著作は、いま読み返してみても貴重なものと思い、ぜひ一冊にまとめておきたいと思った。

政策を訴える中川悦良さん（1995 年 5 月）

一、著者・中川悦良の歩み

(1) 幼少期から敗戦まで（一九二七年〜一九四五年）

中川悦良は昭和二（一九二七）年五月二八日、父直三郎と母壽子の二男として、日本の植民地であった朝鮮の咸鏡北道会寧面鰲山洞一六五番地（現在北朝鮮会寧（ふぇりょん）市）で生まれた。長男は夭折して、実質姉と妹との三人兄弟であった。父は朝鮮の咸鏡北道で憲兵をしていたが、悦良が五歳の時死亡して、家族は父の郷里の磯津村磯崎に帰った。

磯崎は佐田岬半島の付け根にある伊予灘に面した漁村である。中川家の祖先は周防大工の流れで、移住してきて船大工を営んでいたと言われている。一九三四年悦良は磯崎小学校に入学したが、一九三九年祖父の和太郎が死亡したため十二歳にして家督を相続した。[1] 祖父の死去後、家族は松山に移り住むことになり、悦良は東雲小学校に転校した。

一九四〇年松山中学校に入学した中川悦良は「百％戦時下の松中生」の少年期を過ごしたと『明教』に寄稿している。[2]

「紀元は二千六百年」の昭和一五年に入学して、翌年には「大東亜戦争」（太平洋戦争）が始まり、敗戦の昭和二〇年に卒業したわが同期こそ「百％戦時下の松中生」なのである。（中略）そして数十名が、予科練や少年航空、そして陸士、海兵等の軍学校に卒業を待たずに進み軍隊生活を送り、残るものは皆、

新居浜の軍需工場に動員されて働かされた。

松山中学の英語の先生は谷野芳輝先生で、山登りが好きでよく映画の話をしてくれた。県俳句協会会長（俳号は「予志」）も務めた人で、「松中リベラリズムの伝統」を受けついだ人であった。四年の時、担任の教練教師（陸軍予備中尉）の誘導もあり陸軍士官学校を受けて合格となった時、谷野先生は廊下ですれ違いざまに「中川、陸士へ行くんか」と怪訝そうな顔をされたことを覚えている。[3]

松山中学は五年制であったが、戦時下にあって一九四四年に四年を終了した時点で、陸軍士官学校に進み予科士官学校を終了して七月に本科（六〇期生）に入学した。旧制中学の同窓会名簿では一九四五年三月卒業となっている。[4]

一九四五年八月初旬のある日、電線の架設訓練をしている最中に米艦載機が超低空で襲撃してきてあわや助かった。「敗戦の詔勅」は八月一五日神奈川県座間の陸士の校庭に整列させられて聞いた。その直後には、三〇〜四〇名ほどの同期生とともに直径十メートルほどの穴を掘らされた。中国の南京軍官学校から略取してきた「獅子の石像」を埋め隠すためであった。[5]

　十八歳を迎えたばかりの夏であった。そこへ敗戦がやってきたのである。「神国日本は必ず勝つ。疑うべからず」という命令には、次第に疑いを広げつつも、そして「敗戦」を知らされた時には「いろんな本が読めるな」と場違いな密かな希望を抱きつつ、行動と生活は「命令」に従う以外何もできない敗残候補生であった。（中略）同期生の誰かが「切腹」しようとしているのを止めて、医務室に運ぶ仕事に二度も駆り出された。

九月初め、焼け野が原の松山に帰った。旧制松山高校文科二年への編入学試験は、陸士、海兵戻りの百人に一人の席しかなく入れなかった。松山中学の谷野先生が松山経専の教授になっていて勧誘されたが、「すでに五歳の時父を失っていたわが家で、母、姉、妹と四人家族の中で私は唯一の男であった」ため、就職することにした。

この年一一月一日松山通信局経理会計課出納係（後の四国電気通信局）に就職が決まった。十八歳であった。

(2)　戦後～県議当選（一九四六年～一九六七年）

■ 労働運動～レッド・パージ

松山通信局に入ったある日、庁内放送で「労働組合の結成大会、参加者には乾パン支給」のお知らせがあり、参加した。全員が組合員で、厚生課長が委員長、同係長が書記長という状況であった。

日本文学全集をあらかた読み、チェーホフやドストエフスキー等を読んでいた。『中央公論』や『改造』はもとり「軍国主義はダメ、民主主義でないといかん」と思いつつも、「社会主義が戦争に反対したのは偉いが日本で社会主義は難しいだろう」と考えていた。

一九四六年七月、友近彦二くんが訪ねてきて、庁内ホールで宮本顕治の講演があると誘われて参加した。難しい話であったが、ただ「青年学生諸君はエンゲルスの『空想から科学へ』を読んでください」と言われ、翌日古書店で同書を入手して読んだ。社会についてこんな科学的な考え方・見方があったのかと大きなショックを受けた。宮本さんの講演を聞き「敗戦学兵」から「戦後の青年」への転換となった（本[6]

書一八六頁）。

その年初夏の労働組合大会で、職場委員の選出を組合員数に合わせて増やすよう「処女演説」をし、二名から五名に増え、悦良も職場委員になった。

一九四七年七月には全逓松山支部の書記長に選出され、残業には芋の粉うどんの特配も勝ち取った。ついで一九四七年七月には全逓松山支部の書記長に選出され、高橋林次郎支部長に仕えた。二十歳になったばかりであった。この年2・1ゼネスト中止のマッカーサー指令があり、日本の労働運動は立ち直りに懸命の時であった。

一九四八年三月一日全逓愛媛地区本部は八幡浜局からストに突入したが、同月下旬GHQからスト禁止命令が出された。しかし松山支部は支部単独ストを職場決定した。四月八日支部のスト前日、英軍情報部アラブ少佐から、県本部書記長とともに呼び出されて、スト中止を促されたが、拒否し、翌九日スト突入した。七月にはGHQの指示により芦田内閣（社会党労相）が、政令二〇一号（公務員の団体交渉権・スト権はく奪）発令。共産党や産別会議はそれに反対して、国鉄松山機関区では吉木博などがスト突入し一五人が逮捕された。悦良らはスト権の正当性を主張し逮捕者を釈放するよう要求した。この年八月二四日、中川悦良は日本共産党に入党した。

一九四九年一月の総選挙では日本共産党が一躍三五議席へと躍進し、一〇月一日には中華人民共和国が成立した。そうした東アジア情勢の変化の中で、アメリカの占領政策も転換してくる。七～八月と下山・三鷹・松川事件が起こるのに先立ち、五月九日愛媛の北条ではそのリハーサルともいわれる列車転覆事件（浅海事件）が起った。松山の労働運動の活動家が何百人も警察から逮捕されたり捜査された。一連の謀略は占領軍によるものとの推測も少なくない。

この年八月一二日、中川悦良は四国電気通信局長・羽藤栄一から解雇通告をされた。経理部監査課監査

係に所属しており、旧全逓労組（電気通信局＋四国郵政局＋電波管理局）松山支部の副支部長、愛媛産別会議の副議長も担っていた。翌日出勤すると二〇〇名以上の守衛さん、課長・係長、私服刑事、ＭＰ等がピケを張り入れなかった。親しかった守衛さんたちは足が震え眼には涙であった。「私に不屈の人民解放の党、労働者階級の前衛党、共産党の党員らしい覚悟を固めさせたのは、職場の仲間たちのピケの涙でした」と後に悦良は言っている。[7]

労働運動では、一九四九年六月産別会議の解散、一九五〇年七月には総評の結成と右傾化がすすんだ。また、一九五〇年ＧＨＱが共産党中央委員会の追放を決め、夏以降各分野でのレッド・パージが本格的に始まった。悦良は、解雇から二年半職場にへばりついて「全逓統一委員会事務所」に通い、職場の中を激励するビラ配布、活動資金カンパ活動に取り組んだが、一九五二年二月職場を離れ、党の指示で高知県に向かった。

■県会議員になるまで

中川悦良は、共産党高知県委員会、赤旗四国総局長（高松）、今治、新居浜（住友対策責任者）を経て、一九五五年松山に帰り、翌年には中予地区委員長・県委員会常任委員になった。日本共産党は、ソ連共産党などの干渉もありいわゆる「五〇年問題」による分裂を生じていたが、一九五五年の第六回全国協議会で組織の統一と新綱領の方向性を示した。また、この年第一回の原水爆禁止大会が開かれ平和運動が大きく前進した。愛媛では、一九五六年から全国に先駆けての勤評闘争が持ち上がっていた。

中川悦良は一九五八年第七回党大会には、井上定次郎（県委員長）・元岡稔・島田学とともに四人の代議員の一人に選ばれて参加した。一九六一年の第八回党大会にも代議員として参加し、ここで綱領が採択された。

一九五九年中川悦良は、松山市民病院の看護婦・白石境子と結婚し、年末には長男が誕生した。

一九六〇年一月岸信介内閣は新日米安保条約を調印し、五月二〇日衆院では可決、六月一九日参院で可決できず自然成立（批准）となった。前年から安保反対の国民運動は高揚し、県内でも社・共両党、地評、原水協などが「安保条約改定阻止県民会議」を結成して、安保廃棄の闘争が数次にわたり行われた。中川悦良は安保改定阻止松山市民会議の副議長として参加した。

一九六二年二月『愛媛民報』が創刊され、中川悦良が「赤旗」編集局に三ヶ月の研修を経て、編集長となった。発刊の言葉では、「愛媛民報は、しいたげられてきた大多数県民の解放をめざし、その利益を守り、しあわせをかちとるために服務する新聞」と宣言した。この年一一月新婦人県本部が結成された（田川あき会長、三宮禎子事務局長）。

県議選勝利にあたって前年からの松山市議会リコール運動への参加とその成功は意義のある大衆運動であった。一九六三年、一二月松山市議会で、唯一の共産党市議・門屋功議員が、「農地転用」「長雨被災利子補給」「市民会館建設」にからむ汚職問題を追及した。翌年三月には保守系七議員や農業委員等が逮捕された。四月一六日汚職一掃市民大会が市役所前で開かれ（三〇〇人）「汚職市議会は解散を」と決議した。

九月一三日、市職労・自労・民商・新婦人・農民組合等一六団体が松山市政刷新市民会議を結成し、中予地区委員長であった中川悦良が議長となった。辞職勧告決議をするよう求める署名運動をし、一三〇〇筆の辞職勧告署名を提出したが、居座り続けた。一九六五年三月には四市議が有罪確定となり、三月となった。一九六六年二月五日、松山市政刷新市民会議と松山市政民主化連絡会議の共闘で「松山市議会リコール推進本部」を発足させた。坂本忠士らを媒介に社会党・地区労も参加して発足させたもので、三月一〇日までに六三三一二名の有効投票（人口二八万、有権者一八万）を得て市議会の解散を決めた。五月

四日松山市議会が解散され、二五日投票の市議会選挙では、共産党が一議席から三議席に大躍進した。直接請求による市議会リコールで、自治体の規模で議会が破られていない。[8]

一九六三年の統一地方選挙では、県議選・松山選挙区（定数九）に初めて立候補し、一三位で落選となった。しかし、この地方選挙では県下の地方議員が九議席から一九議席に躍進した。四年後の一九六七年には再チャレンジして定数一〇のところで第九位で当選した。共産党の県議としては初議席であった（県内地方議員は二八議席へ）。

(3)　県議になってからの活動（一九七〇年頃から）

中川悦良は、一九九九年に主に県議二期の間の主な活動についてまとめ「えひめ県政物語——日本共産党元県議の見たえひめ県政」を『愛媛民報』に寄稿している。[9] それにより特徴的な活動を取り上げてみる。常に住民要求に応えて、国政・県政に対峙する姿勢が窺われる。しかし、県議後半期以降の闘いについてはその後も記録されていないので改めての紹介となる。

①　県政革新

県議になった時は、久松定武県政で、自民党幹事長の白石春樹が県政を動かしていた。白石春樹は一九六三年の県知事選挙での買収事件が有罪確定していた（六七年高裁）ため、一九六九年二月社会・公明・共産の野党議員一三人が、知事選挙の無効を提案したが否決された。さらに、一九七一の県知事選挙に向けて「明治百年」恩赦で公民権回復をした白石春樹が知事選に立候補を準備していた。

一九七〇年五月三一日、社共両党などは「清潔で明るい愛媛をつくる会」の結成総会を松山市民会館大

ホールで開催し二八〇〇人が参加した。六月八日には、三五〇〇人が参加して民主県政実現・安保廃棄等の愛媛中央集会を松山市堀之内で開催し、愛媛地評・社会党・共産党が「清潔で明るい愛媛をつくる会」に加盟し、元岡候補を取り下げ、湯山勇を統一候補とすることを記者会見で発表した。

選挙（投票率七九・三%）の結果、湯山勇は二一、一七六票差で惜敗（四八・六%得票）した。湯山陣営が掲げた老人医療無料化政策は、途中から白石陣営も実施を公約して、全国九番目の実現となった。白石春樹は以後八七年まで四期県知事を務めた。

一九七五年の知事選では清潔で明るい愛媛をつくる会から野村晃が立候補したが、「善戦」で終わった。以後社共の統一した候補は立てられず、八七年には「明るい愛媛をつくるみんなの会」を共産党や諸団体で構成して山田明を候補とする戦いに挑んだ。

② グレープフルーツ輸入自由化反対

一九六九年三月県議会で中川悦良がグレープフルーツ輸入自由化反対を主張し、ついで六月県議会では「グレープフルーツ、オレンジ等外国産果実の輸入制限の意見書」を全会一致で採択した。県下の市町村議会にも広がった。また、同年一〇月には共産党の宮本顕治委員長が来県して「みかん問題」について記者会見した。

一二月一三日、グレープフルーツ輸入自由化などに反対する「西日本みかん農民大集会」が松山市の聖陵高校体育館で開催され、一七〇〇人が参加した。五〇名の農協長、農業委員会長、各種農業団体役員、一五市町村長、大学教授ら一一〇人の呼びかけで超党派で開催したものであった。

中川悦良は、一九六八年以来愛媛県農民連の顧問を引き受けてきた。

③ 原発設置反対とその危険をなくするため

中川悦良が当選した直後の県議会で、「津島原発」計画案について質問した。四国電力の津島町への原発計画案は一九六六年九月に表面化し、反対運動が起こっていた。翌六七年の八月二五日津島原発予定地の地質検査を、機動隊を動員して座り込み住民をごぼう抜きして実施する事件が発生した。九月議会で中川悦良が批判したところ、久松知事は「世界の七〇の原発で安全性にかかわる事故は一例もない」「原発は南予開発に大きな効果がある」偏見をもって県の立場のご批判をなさることは迷惑」と答弁。後日、愛媛新聞社説は「穏当を欠く〝偏見〟答弁」と批判した。しかし結局地元の反対運動が強いこともあって、翌六八年一月四国電力は津島原発について「地質に問題、地震に弱い」等の理由で計画中止を表明した。

一九七〇年九月、四国電力は原発予定地を伊方町と決めた。早速九月議会で、中川悦良が「原発は絶対安全無害と伊方町広報誌は書き、県議会でも〝誘致反対に協力する者を非科学的迷信の宣伝者〟等という発言も聞くが、原発の安全性に多くの不安があるのは当然」と反対の立場から質問。久松知事は「原発の安全性は我が国最高の専門機関の原子力委員会が安全と見ているから安全」「伊方原発建設は南予、特に三崎半島全域の発展に画期的影響をもたらすもので積極的に協力する所存」と表明した。

伊方原発一号機は一九七二年一一月設置許可され、七七年九月運転開始された。以後、二号機（一九八二年）、三号機（一九九四年）と増設運転開始された。また、非常に危険性の高いと言われる出力調整運転実験が一九八七年一〇月と八八年二月に行われた。中川悦良は、『愛媛民報』で「おごりと誤算の暴走〜今こそ伊方原発に赤信号を」を書き批判した。[10]さらにプルサーマル運転が二〇〇六年県・町の事前了解に

より二〇一〇年から送電開始されている。

中川悦良は一九九八年「伊方等の原発の危険に反対する県民連絡会議」を結成し代表幹事をしてきた。

そんな運動の中での東京電力福島原発事故があり、「伊方原発をとめる会」が県内で結成されて運転差し止め訴訟に参加したのは晩年であった。

④ 松山の県立高校増設運動

一九七三年の六月県議会で、中川悦良は人口三十五万の松山市で県立高校五校は少なすぎると批判、門田圭三教育委員長は「松山市と協議中だが早く善処したい」と答弁した。この年七月「県立普通科高校増設させるにはどうしたらよいかを考える父母の会」が鴻海茂寛、篠崎早苗、岡添師子、中川悦良の四氏の呼びかけで開催され一五〇人が参加した。ついで八月一〇日「県立高校をつくる親の会」結成大会を開催、共産のほか自民・民社・社会・公明の代表が来賓出席、同月二三日には「県立高校増設総決起集会」が愛媛県民館で開催され八〇〇〇人が参加、白石知事が「ご心配かけたが、教師、施設、環境を整え、ご期待に応える高校（西高）を四九年度に開校します」と約束した。年末の愛媛新聞は西高建設問題に触れて「演出・共産党、主演・自民党と言われた高校新設、教育と政治の在り方を改めて父母たちに考えさせた」と報道した。

これより先、一九七二年三月白石知事の後援会機関誌に知事の講演録を掲載した。その中で「私が二〇余年県議として県政に携わってきて、胸を張って自慢できるのは日教組退治こそ私が自慢できる唯一最大のもの」と述べていることについて、中川悦良は県議会でこの発言の真意をただし批判した。白石知事は、「日教組退治と言うたか日教組対策と言うたかは問題があると思うが、いずれにしても愛媛の教育を正常

化したことには誇りを持っている」と答弁。脅し、敵視し、攻撃して県民を分裂させ、権力支配を強める「威力政治」こそその本質と中川悦良は記している。

⑤「窓口一本化」行政の歪みを追及

一九七四年九月議会での同和行政の「窓口一本化」の歪みをただす活動も重要であった。同和会伊予市連合会から同和地区農漁業振興融資について相談を受ける中で、同和対策協議会（会長は県知事）を通じて申し込んだものしか申請できないことが判明した。そうした県の窓口一本化行政は、愛教研、商工会議所、農協連連、建設業協会などにも存在することが分かった。

また、愛媛医療生協は一九八一年三つの生協が合併して出来、松山に「センター病院」建設の運動が始まった。この年予定地を契約し、地元町内会も賛成して、いざ「生協病院の開設許可」を県に提出しようとしたところ、医師会の同意書を添付して提出しないと許可しないとされた。この時、医療生協の顧問をしていた中川悦良が松山中学の同級生の村上郁夫（松山市医師会長）と協議する中で、一九八五年一月やっと開設許可ができた。

(4) 県議退任後の活動

一九六七年から九五年まで（一期を除き）六期の共産党県議を務め、九五年には（六十八歳の時）山崎尚明にバトンタッチした。党県議団は、松山選挙区以外に、今治選挙区の武内茂夫（一九七二～一九八七）、新居浜選挙区の今井久代（一九九六～二〇〇六）と複数の県議団の時もあった。

一九九五年三月「中川悦良さんの愛媛県議会議員の退任を祝う会」が、県民文化会館で開催され三八〇

人が参加した。永江孝子の司会で、東俊一の開会挨拶、来賓挨拶は立川百恵（愛媛県生協連会長）、門田圭三（松山東高同窓会長）、山原健二郎（衆議院議員）が行い、唐津秀雄が乾杯の発声を取った。

この前後から、中川悦良は、自らの県議活動のふりかえり、愛媛の歴史を支えてきた人々の歴史研究と記録に務めてきた。本書に所収したような愛媛の進歩と革新の先覚者に関する講演や記録である。『愛媛民報』をはじめ、母校松山東高校同窓会誌『明教』や『民主文学えひめ』に思い出や歴史論考を残している。

二、中川悦良が著した歴史論考

愛媛の共産党の正史としての歴史は、『前衛』一九八五年八月号に書かれた「日本共産党の六〇年・都

県議退職を祝う会（1995年3月10日）

道府県版「愛媛県」がある（合田千里・吉木博の起草）。また、主に戦後の共産党や民主運動を支えた人々

さて、本書に収録した中川悦良の歴史論考が『愛媛民報』に何度か連載されている。[11]

ずれも『愛媛県史　人物編』に取り上げられている名の知れた人々ではある。

をとりあげた論考が『愛媛民報』の歴史論考で取り上げた人物を生年順番に並べると次の通りである。い

二宮敬作　　一八〇四（文化元）年〜一八六二年　磯崎生れ　シーボルトに師事　蘭学者

水野広徳ひろのり　一八七五（明治八）年〜一九四五年　三津生れ　松山中学　海軍大佐　『此一戦』

桜井忠温ただよし　一八七九（明治一二）年〜一九六五年　松山生れ　松山中学　陸軍少将　『肉弾』

井上正夫　　一八八一（明治一四）年〜一九五〇年　砥部生れ　新派俳優

片上　伸のぶる　一八八四（明治一七）年〜一九二八年　波止浜生れ　新劇俳優

渡辺満三　　一八九二（明治二五）年〜一九二五年　湯山村生れ　時計工　党創立時に参加

伊藤大輔　　一八九八（明治三一）年〜一九八一年　宇和島生れ　松山中学　「楽天」　映画人

伊丹万作　　一九〇〇（明治三三）年〜一九四六年　松山市生れ　松山中学　「楽天」　映画監督

柳瀬正夢まさむ　一九〇〇（明治三三）年〜一九四五年　松山生れ　画家　プロレタリア芸術

丸山定夫　　一九〇一（明治三四）年〜一九四五年　松山生れ　新劇俳優　原爆死

中村草田男　一九〇一（明治三四）年〜一九八三年　本籍松山市　松山中学　「楽天」　東大

重松鶴之助　一九〇三（明治三六）年〜一九三八年　松山市生れ　松山中学　「楽天」

主に戦前期に愛媛出身で活躍した進歩と革新の人々のことである。ただし、二宮敬作だけは幕末の蘭学

者であり、中川悦良の郷里・磯津の出身ということで、早い時期から関心をもって研究してきたものであっ

た（一九七五年執筆）。二宮敬作以外は県議退任前後から晩年にかけて研究し、講演してきたものである。

近代以降の人物では、中川悦良の同窓の松山中学出身者が多くなっており、残念ながら女性はいない。

第一論考「愛媛が生んだ進歩・文化の先覚者」では、まず、日露戦争の戦記文学の陸軍側代表『肉弾』の桜井忠温、海軍側の代表『此一戦』の水野広徳を取り上げている。ともに「文弱の松山中学」出身である。

水野広徳は『此一戦』で名を馳せたが、第一次大戦の戦禍を二度にわたって欧州視察して「反戦の海軍大佐」となり、以後論壇で中国侵略の危険を指摘したりアメリカとの戦争を避けるべきだと主張していった。無産政党の応援にも参加している。南海放送が『水野広徳著作集全八巻』をまとめたおかげで、その後も多方面から研究されている。一方、**桜井忠温**はその後も多くの著書を出し明治天皇の「拝謁の光栄」も受け少将にまで進む。戦後は八十六歳まで松山で暮らした。中川悦良が松山のリコール運動の演説をしていた時、聴衆の中に桜井が居て「陸士が共産党をやるか？ それは良い」と握手してくれたという。

片上伸はロシア文学研究で早稲田大学文学部長になった学者である。「松中三秀才」と言われ、松山高校をへて早稲田大学に進んだ。坪内逍遥、島村抱月に学び、ロシア文学研究のため一九一五年ロシア留学、ロシア革命を体験した。帰国後プロレタリア文学の紹介に力を振るっていたが、一九二六年母校の松高ストに参加していた宮本顕治との付き合いも始まる。片上から宮本への三通の手紙も紹介され、宮本の上京（東大進学）のきっかけを作った。日本プロレタリア文学評論集第二巻に「片上伸集」（一九九〇年）が収録されており、研究も多方面からあると思うが、本稿は片上と松山、宮本顕治の接点など興味深い。

次に、新派の役者井上正夫（砥部町）と新劇の役者丸山定夫をとりあげている。**井上正夫**は「芸術院会員」でもありながら戦前の暗黒時代に進歩的・左翼的演劇活動といかに関わったかを紹介している。一九二三年井上は映画・演劇研究の為ヨーロッパに向かうが、そこで「新劇の父」土方与志に多くのこと

を学んだ。土方与志が来県して県庁に中川が案内した時、土方与志の母親が大洲藩主加藤家の姫だったという裏話も紹介している（井上の郷里砥部町もかつて大洲藩）。そんなことから新劇演出家の村山知義が治安維持法で逮捕された際には、井上は弁護側の証人に立った。戦後は土方や村山演出の舞台にも立った。

一方、一九二四年土方与志の築地小劇場「海戦」の開幕のドラをたたいたのが松山出身の丸山定夫であった。

父は海南新聞記者で、ルーツは高知の自由民権家でないかとの推測も。幼少期には二年上の柳瀬正夢（後述）とも仲良しであった。小山内薫演出の「どん底」ではルカ役で築地小劇場の中心的役者となった。

舞台だけではなく一九三〇年代からは映画出演も五十五本に及び、伊丹万作、山本薩夫、今井正らの演出陣がついた。敗戦の年、ヒロシマに移動演劇「桜隊」で出かけていた時被ばくして、四十四歳の命を閉じた。松山では二〇〇一年「丸山定夫を語る会」が発足し白炎忌が続けられている。菅井幸雄の『俳優・丸山定夫の世界』（一九八九年）や『丸山定夫の仕事と残された課題』（二〇〇二年）が参照されている。

この論考で最もページを割いているのが柳瀬正夢である。近年、『柳瀬正夢全集全五巻』（二〇一三―一九年）も出されているが、その刊行にも関わった甲斐繁人氏（柳瀬正夢研究会代表）は二〇一四年の中川悦良を偲ぶ会に参列して挨拶している。松山市大街道で生まれた柳瀬正夢は十一歳の時家業の関係で北九州に移る。家業を手伝いながらも、子どもの頃から絵が好きで、一九一五年十五歳の時に院展に出した「河と降る光と」が入選した。天才的画家と言われ、漱石の弟子・小宮豊隆が激賞した。一九一九年上京し日本美術院にも通いながら、長谷川如是閑に画才を認められ読売新聞に政治漫画等を描き始める。この頃から社会主義思想の影響を受けることとなり、大山郁夫邸に寝泊まりすることとなる。その時関東大震災があり、「無産階級解放運動」に目覚めた。一九二四年には「無産者新聞」の専属画家、挿絵等を書きまくる。「反戦画家」の名は広がり、三一年には共産党に入党。三二年十一月特高に逮捕され、殴る蹴る

の拷問。勾留中の妻の病死、残された二人の幼女。懲役二年執行猶予五年。「転向者」という内面的苦痛を背負いながら、正力松太郎の尽力で読売新聞に復帰した。一九三五年東京での正岡子規三三回忌に参加した柳瀬は、阿部里雪と知り合いになり俳句を始める。「真底より凍てつく峠黒き富士」が有名であるが、近年、鳥谷照雄「時代と対峙した表現者・柳瀬正夢」（『愛媛近代史研究』第六九号）で再評価している。中川悦良が本稿執筆の少し前に出された井出孫六『ねじ釘の如く』（一九九六年）は大いに参考になったものと思う。

美術評論家の須之内徹をして「日本の柳瀬、私が自分の青春の全てをかけたプロレタリア運動の輝ける星」と言わせた柳瀬正夢は一九四五年五月信州に疎開した二人の娘に会いに行く途中、東京駅で米軍機の空襲で爆死した。

　第二論考「渡辺満三の足跡を追って」は、中川悦良が日本共産党創立者の一人である渡辺満三について出身地を訪ね歩きまとめたオリジナルな研究論考である。渡辺満三のまとまった研究はおそらくこれだけである。

一九八二年一二月『日本共産党の六〇年』がまとめられた。渡辺満三が党創立の主要人物の一人で愛媛の湯山村（現松山市）川中の出身ということぐらいは知られていたが詳細は知られていなかった。中川悦良は、愛媛出身の「渡辺満三」の足跡を探って訪ね歩く中で、松山市立日浦小学校の校長から藤野々小学校の卒業名簿（明治三四年卒）に「渡部万蔵」（戸籍上の本名）があるとの情報を得た。そこから、満三の甥にあたる佐川渉、佐川梅太郎、姪の渡部トラヨの聞き取りを、近代史文庫会員などの協力も得することができた。佐川梅太郎といえば、大正から昭和初期の愛媛の労働運動、無産者運動の闘士であり、『資料愛媛労働運動史』の索引に二四ヶ所にでてくる有名人であった。一九二三年松山で最初のメー

デーを企画準備した中心が佐川梅太郎であった。

満三は父・庫太郎、母・フサの三男に生まれて、小学校を卒業した後十歳で松山で時計の修業をし、十五歳の時上京した。上京後の満三の労働運動と党創立への関与については、労働運動史研究家の松尾洋氏が多くの資料を中川悦良に送ってくれた。犬丸義一『日本共産党の創立』(一九八二年) も参考にした。

満三は「苦学生活の後一八歳の秋」、ナプポルツ商会時計工場の労働者となった。ここで一九一九年満三を指導者として「時計労働同盟会」が立ち上げられた。翌年にかけての賃上げ闘争が激化、最終的には「警察対労働者」の戦いと呈してきて、布施辰治弁護士の収拾により「労働者側の基本的勝利」となった。

こうした労働運動の中で満三は学びながら、二二年七月の共産党創立大会の八人の参加者の一人となった (堺利彦委員長)。二三年三月に「豊島館」で開催された臨時党大会は、満三が会場の準備をして二〇数人が参加、二段階革命論などの綱領討議がされた。しかし、この会議をきっかけに同年六月五日第一次共産党弾圧事件に繋がり、満三も含む全国八〇人の検挙となった。同年末、結核に侵された体で保釈された。二五年二月、治安維持法反対集会に参加したところが原因で五月一一日死亡した。三三歳、「治安維持法最初の犠牲者」(松尾洋) であった。

なお、一九八五年野坂参三は『愛媛民報』に「渡辺満三同志の想いで」を寄稿している (五月一九日付)。

二〇〇三年町立久万美術館は、開館一五周年企画として、「生誕一〇〇年の重松鶴之助 よもだの創造力——伊丹万作 中村草田男 伊藤大輔「楽天」の仲間たち——」を展示した。その際、中村草田男の三女・中村弓子 (お茶の水大学名誉教授) と中川悦良のギャラリートークが行われた。**第三論考「楽天」の先輩たち**は、中川悦良の講演録である。本稿は同美術館の記録誌によった (なお、同じ講演録は『明教』第三四号にも収録されている)。

号にも収録されている)。

この企画の「よもだの創造力」とは何か。天野祐吉は、「よもだ」とは、「しらばくれる」ことであり「おかしみのある」という意味があるが、何よりも「反骨の精神をおとぼけのオブラートで包んだような気質」として、「これくらい松山人の気質をうまく表している言葉はない」と言っている。「よもだ」がぴったりするのは、正岡子規であり、伊丹万作・十三、伊藤大輔や重松鶴之助のような人たちだと言っている。[13]

こうしたよもだ論の延長で、中川悦良は反骨精神のよもだの松中の先輩たちを取り上げた講演である。

さて、『楽天』とは、大正の初年から約十年間松山中学の生徒中の〝芸術のタマゴ〟的欲求を持った者たちの友情機関として編まれていた回覧雑誌だと、中川草田男は振り返っている。伊丹万作（一九一二年入学）、伊藤大輔（一三年入学）の居る頃が黄金期で、一八年草田男（一三年入学）がメンバーになった四年生の時は、後輩に重松鶴之助（一六年入学）が居た。仲間の文章や絵画をとじあわせ編んだもので一部しか存在しなかった（残念ながら実物不明）。一九二二年には伊丹万作、重松鶴之助が帰松し、鶴之助が中村草田男など「楽天」グループの心に火をつけて、伊丹邸や松山高校宿直室に集まって盛り上がり、人生や芸術について語り続けた。ついで、この友情は一九二四年に伊丹と重松が上京し、翌年中村が東大に入学すると、東京の伊丹の住居に場所を移して、今度は回覧雑誌『朱欒』（九冊）を編むことになる。

重松鶴之助は岸田劉生に心酔し春陽展にも入選、一九二六年聖徳太子奉賛展に白川晴一と三人で三番町におでん屋「瓢太郎」を開店したが約半年で行き詰った。どういうわけかこの年伊丹万作にも認められた。白川も松山中学時代とともに帰松して「楽天」グループであったが、この頃労農党書記として松高ストライキ、間島新聞少年の争議、松山倉敷紡績女工争議などに多忙で、おでん屋短命の一因ともなった。

「楽天」の友情と青春をふまえて、それぞれの人生に進む。

重松鶴之助は、一九三一年白川とともに日本共産党に入り、以後東京市委員会の活動を経て、三三年には関西地方の責任者になった。出征兵士へ「反戦ビラ」を手渡したりしたが、この年一一月逮捕された。

この頃中村草田男は「軍隊の近付く音や秋風裡」と詠んでいる。鶴之助は五年後出所当日、刑務所の三階から飛び降りる自殺を図った。柳瀬正夢が労農運動に絵の才能を活用したのに対して、鶴之助は絵を捨てて党活動に専念した。訃報を聞いて伊丹万作は、「わがままなやつじゃったなー」と一言。

伊藤大輔と伊丹万作は映画界で、中村草田男は俳人・文学者として活躍した。

第四論考「松中詩人・片上伸」については、第一論考にも取り上げており重なるところもあるが収録した。『民主文学えひめ』第一〇号、五周年記念号に掲載している。

第五論考「宮本顕治さんと松山」は『愛媛民報』に二回連載で寄稿した小論である。宮本顕治は後の共産党委員長であり、中川悦良が敗戦直後に松山で聞いた演説でその道に入ったという点でも特別の思いであったろう。宮本顕治は山口県の出身であるが柔道部でスカウトされ旧制松山高校に入学した。二年生の秋、「松高自由主義」を守るためのストライキにも参加、松山市民の支援を受けて勝利した（一九二六〜二七年）。柔道から次第に文学と社会科学研究に情熱を持ち、片上伸（早稲田大学）の講演を聞いて感動し、上京する。二八年東大に入学した年の三月に片上伸は病没していた。宮本顕治は「敗北の文学──芥川龍之介論」で懸賞論文で入賞するが、続いて執筆したのが「──片上伸論」であった。

第六論考「松山の文学的風土」は、二〇〇八年七月松山で開催された日本民主主義文学会第二〇回全国大会の記念講演の記録である。冒頭、中川悦良は「講演」ではなく「勝手な松山案内」と言っている。保守的な松山と思われがちながら、文化面では先駆的、進歩的役割をした人々の流れがあると紹介している。子規と漱石の友情、戦記文学の双璧、水野広徳と桜井忠温──反戦ジャーナリストに転身する広徳、松山

中学での「楽天」グループとリベラルな文化的風土を生み出したこと、松高ストなどを紹介している。そして、戦後活躍する早坂暁や大江健三郎もとりあげ、「坂の上の雲」論争には直接触れずに、司馬遼太郎の松山への思い入れを紹介している。最後に、小林多喜二の色紙「我々の芸術は飯を食えない人にとっての料理の本であってはならぬ」が、松山の郊外に眠っていたこと――愛媛憲法会議の代表を務めていた唐津秀雄（愛大教育学部元学部長）が、金沢医専の社研活動の中で入手してものであったものだと、紹介した。「格差・貧困・閉塞」をテーマにした本集会にふさわしいものだと。

さて、最後の第七論考「二宮敬作のこと」は、これまでの明治以降の人物ではなく、幕末伊予・宇和島藩が生んだ蘭学者のことである。一九七五年の早い時期に『愛媛民報』に連載したものであり、本論冒頭で中川悦良は、二宮敬作、正岡子規、水野広徳を「郷土のもっとも心惹かれる先達」として挙げている。

先述のように中川悦良は、二宮敬作は、朝鮮で生まれたが、父の郷里は磯津村磯崎であり、中川悦良にとっての「故郷」もそこであろう。二宮敬作は、磯津の百姓（商家も）の家に生まれ十六歳の時長崎に遊学しオランダ語、オランダ医学を学び、シーボルトの弟子になり鳴滝塾で学んだ人である。今、磯津（現八幡浜市）には、「二宮敬作出生地跡」の標識があり、記念公園に二宮敬作像が瀬戸内海に向かって立っている。

本稿は、長井音次郎『二宮敬作傳』（一九四一年）をベースにしているが、一九七二年に出された高橋碽一『洋学思想史論』等が刺激になったのかもしれない。中川悦良はこの年四月の県議選に松山市区から複数議席を挑戦して落選した時であり、その直後の執筆である。

一八二三年シーボルトが来日すると楠本滝と結ばれ、伊篤が生まれる。敬作は鳴滝塾に住み込み、蘭学を学び、翻訳・研究の手伝いをすることになった。一八二六年のシーボルトの江戸入府にも随行して、富士山の測量や資料収集など手伝い、それが災いして第一次シーボルト事件で長崎・江戸からの永久追放と

なる。一八三〇年二十五歳の敬作は郷里磯津に帰り結婚、喜多郡上須戒（現大洲）に開業し、ついで三三年宇和島藩の伊達宗紀の内命もあり卯之町に移転、開業した。外科を得意とし、貧富の差別なく、深夜にも診療した。また、薬草園を栽培し、近隣医師にも分け与えた。

蛮社の獄で捕らえられていた高野長英が獄舎の火災で放たれた後潜行して、宇和島藩に匿われ、そして卯之町の敬作もその一端を担うことは有名な話である。長英の額を薬剤で灼いて（変相）逃亡を助けたのは敬作であるとしている。[14]

シーボルトの愛娘・イネを呼びよせ、蘭学の手ほどきをして日本で最初の女医に養成したことも敬作の大きな仕事である。おイネが卯之町に来たのは十一～十三歳の頃、または十九歳の頃の二説ある。[15]イネはその後岡山の石井宗謙に産科を学び、宗謙との間に高子を産けて長崎に帰る。高子は敬作の甥・三瀬周三と結婚する。しかし、宇和島藩に村田蔵六が招かれた時、再びおイネを呼び寄せて蘭学を学ばせる。その周三は、シーボルト再来日の際、江戸行きに同行して、佃島に入牢となる（第二次シーボルト事件一八六二年）。

中川悦良は二宮敬作のことを幕末の蘭学三大弾圧事件（蛮社の獄、一次二次シーボルト事件）に関わった「戦闘的蘭学者と呼ぶにふさわしい」と評価している。近代的科学精神と、南予の百姓特有の恒厚な人情・素朴な庶民的ヒューマニズムを自らの中に統一して体現し得た人物であった、としている。その「科学的精神とヒューマニズムの統一」は同郷である自分の共産党員としての生き方と共通したものだと言いたかったのであろう。

註

1 中川悦良戸籍謄本

2 中川悦良「百％戦時下の松中生の卒業六〇周年に懐う」　松中・松山東高同窓会報　『明教』三六号　二〇〇六年二月

3 中川悦良「谷野芳輝先生の思い出」　『明教』二七号　一九九七年二月

4 『松山東高校同窓会名簿』一九八九年。中川悦良は五三期生（五年）一九四五年三月卒業。この年は五四期生（四年）も同時に卒業。

5 中川悦良「座間の獅子像」　『民主文学えひめ』一号　二〇〇五年一月

6 中川悦良「労働運動の思い出　電通時代」　職場新聞「ケーブル」より　一九七八年

7 前掲「労働運動の思い出　電通時代」

8 中川悦良「松山市議会リコール三〇周年に当たって」　『愛媛の自治』七七号　一九九六年一二月

9 『愛媛民報』一九九九年九月一九日〜〇一年一二月二三日、五四回連載。

10 『愛媛民報』一九八七年一一月八日、一一月一五日、一一月二二日付。

11 『愛媛県党と忘れえぬ人々』（一九六七年七月〜八回連載）…清水省三・中川為助・鬼塚安雄・宇根正美・安房いさを・武田茂・石山秀一さだの・堀井肇。

「戦後四〇年と私の歩み」（一九八五年七月〜四回連載）…福田渡、山田明、岩井元祐、渡辺鳩子、久保仲子、西崎邦男、合田千里。

「日本共産党創立七〇周年　愛媛県党ゆかりの人々」（一九九二年五月〜八回連載）…武田茂・石山秀一・石山さだの・中川為助・鬼塚安雄・石井俊文・清水省三、渡辺満三・佐藤真民・長谷部美恵子・越智正義・小崎

英雄・植村幸猪・松田通泰・浜田恭蔵・重松鶴之助・森田喜子次・松本正一・柳瀬正夢。

12　町立久万美術館『生誕一〇〇年重松鶴之助　よもだの創造力　ギャラリートーク記録誌』二〇〇四年。中村弓子の講演は「80年後に届いた恋文　回覧雑誌『朱欒』について」も所収。

13　町立久万美術館『生誕一〇〇年の重松鶴之助　よもだの創造力』二〇〇三年一〇月

14　西口克己『高野長英』一九七二年

15　門多正志『二宮敬作と関係人物』（二〇〇一年）近年二宮敬作や楠本イネの研究は深化していると思われる。門多正志『二宮敬作と関係人物』（二〇〇一年）はイネが一八四〇年十四歳から五年間卯之町に居たとしていたが、近年の宇神幸男『幕末の女医楠本イネ』（二〇一八年）では、タキのシーボルト宛の書簡が見つかり、それによれば「一八四五年二月おイネは伊予国へ旅立った」と記されている―イネが卯之町に来たのは一八四五年十七、八歳の頃、半年ほどではないかとしている。

※　写真提供は愛媛民報社による。

■初出一覧（執筆順）

1、二宮敬作のこと
　　『愛媛民報』　一〇回連載　一九七五年八月一七日〜一〇月二六日

2、渡辺満三の足跡を追って
　　『愛媛民報』二四回連載　一九八三年八月二八日〜一九八四年二月一二日

3、「楽天」の先輩たち
　　…伊丹万作　中村草田男　伊藤大輔　『楽天』の仲間たち（二〇〇三年一一月一日講演）
　　久万美術館一五周年ギャラリートーク記録集　二〇〇四年二月発行

4、宮本顕治さんと松山
　　『愛媛民報』二〇〇七年一一月二五日、一二月二日

5、愛媛が生んだ進歩・文化の先覚者
　　…水野広徳　桜井忠温　片上伸　井上正夫　丸山定夫　柳瀬正夢
　　『愛媛民報』三六回連載二〇〇八年一〇月一二日〜一一年九月一一日

6、松山の文学的風土
　　…漱石、水野広徳、楽天グループ、松高ストと「白亜紀」、片上伸、大江健三郎
　　『民主文学えひめ』九号　二〇〇九年一月

7、松中詩人・片上伸
　　…早稲田大学文学部長・「プロレタリア文学」評論家へ
　　『明教』第三九号　二〇〇九年三月
　　『民主文学えひめ』一〇号　二〇〇九年三月

著者　**中川　悦良**（なかがわ　えつろう）

略歴

1927 年 5.28　父直太郎、母壽子の二男として、朝鮮咸鏡北道（現在北朝鮮会寧市）で出生

1932 年　父直太郎死亡

1934 年　西宇和郡磯崎小学校入学

1939 年　祖父和三郎死亡、悦良に相続。松山転居

1940 年　東雲小学校卒業。県立松山中学入学

1944 年　陸軍士官学校（60 期生）座間本校入学

1945 年　正午陸軍士官学校校庭に整列して「敗戦の詔勅」を聞く
　　　　　焼け野が原の松山に帰り、11 月松山通信局に就職

1946 年　宮本顕治の講演会に参加。『空想から科学へ』を読む

1947 年　全逓松山支部の書記長、県産別会議の副議長。日本共産党入党

1949 年　解雇通告（レッドパージ）

1955 年　高知、今治、高松、新居浜での活動を経て松山帰任。中予地区委員長等

1958 年　日本共産党第 7 回党大会の 4 人の代議員の一人として参加

1959 年　境子と結婚、長男誕生

1960 年　安保改定阻止松山市民会議副議長

1962 年　『愛媛民報』創刊、初代編集長

1964 年　松山市政刷新市民会議議長、66 年市議会リコール成立

1967 年　愛媛県議選、松山市区で当選、初の共産党県議（〜 1955 年まで 6 期、1 期除く）

1968 年　県農民連顧問

1971 年　県知事選で湯山勇（明るくする会）、白石春樹に惜敗

1975 年　日本共産党愛媛県委員会副委員長（〜 1999 年）

1980 年　愛媛革新懇結成、代表世話人

1981 年　愛媛医療生活協同組合顧問

1986 年　明るい愛媛をつくるみんなの会結成

1990 年　治安維持法犠牲者国家賠償要求同盟・県支部会長

1997 年　日本共産党国会議員団愛媛県事務所所長

1998 年　伊方等の原発の危険に反対する県民連絡会議代表幹事

2013 年　12.14　死亡

2014 年　6.13　中川悦良を偲ぶ会開催

愛媛が生んだ進歩・革新の先覚者

—「よもだ」精神で読み解く中川悦良の歴史論考—

2023年1月15日 発行　　定価＊本体2000円+税

著　者　中　川　　悦　良

編　集　近 代 史 文 庫

発行者　大　早　　友　章

発行所　創 風 社 出 版

〒791-8068 愛媛県松山市みどりヶ丘9－8
TEL.089-953-3153　FAX.089-953-3103
振替 01630-7-14660　http://www.soufusha.jp/
印 刷　㈱松栄印刷所　　製 本　㈱永木製本